한자를 알면 어휘가 보인다

명심보감

편집부 지음

도서 큰 그림 출판

한자를 알면 어휘가 보인다 명심보감

초판 발행 · 2021년 7월 15일

지은이 편집부
펴낸이 이강실
펴낸곳 도서출판 큰그림
등 록 제2018-000090호
주 소 서울시 마포구 양화로 133 서교타워 1703호
전 화 02-849-5069
팩 스 02-6004-5970
이메일 big_picture_41@naver.com

디자인 예다움 | **교정교열** 김선미 | **인쇄와 제본** 미래피앤피

가격 7,000원
ISBN 979-11-90976-05-3 43710

머리말

「명심보감」에는 사람이 살아가는 데 필요한 가르침이 담겨 있습니다.

스스로 판단하고 행동함에 기준점이 되고, 내 마음의 평정심을 잃지 않도록 도와줍니다.

명심보감에서는 착한 일을 하며 살고, 하늘의 명에 따라 순종하고, 효도할 것을 권유합니다. 자신의 몸을 바르게 하고, 내게 주어진 분수를 편히 받아들이고, 스스로 마음가짐이 중요함을 말하고, 인내와 배움을 강조하고, 반드시 자식을 가르쳐야 하고, 인생살이에서 마음을 살펴야 하고, 가르침을 세우고, 집안을 편히 다스리고, 말을 항상 조심하라고 하고, 친구의 중요성을 말하고, 배움을 권장합니다.

천천히 읽어 보기만 해도 마음이 차분해지고 내 자신을 가다듬게 됩니다.

명심보감에 수록된 한자를 몇 번씩 써 보고, 한글도 명조체로 한 번씩 따라 쓰게 구성되어 있습니다. 공부가 아닙니다. 내 마음의 평정심을 찾기 위해서 명심보감을 필사해 보세요. 한결 마음이 편안해지고 내가 잘 살고 있는지 확인해 보는 시간이 될 것입니다.

도서출판 큰그림 편집부

목차

명심보감에는 참 좋은 말이 많습니다.
사람들이 꼭 해야 할 일과 하지 말아야 할 행동들을 알려 주는 책입니다.
우리 삶의 방향을 알려주고, 또한 잘 살고 있다고
우리를 다독여 주는 책입니다.
삶을 살아가면서 꼭 한 번은 읽고 써 보면 좋은 책!
'명심(明心)'이란 마음을 밝게 한다는 뜻이고
'보감(寶鑑)'은 보물과 같은 거울로 교본이 된다는 뜻입니다.

爲善者(는) 天報之以福(하고)
위선자 천보지이복

爲不善者(는) 天報之以禍(니라)
위불선자 천보지이화

착한 일을 하는 사람에게는
하늘이 복으로 갚고,
나쁜 일을 하는 사람에게는
하늘이 재앙으로 갚는다.

爲	할 위 ノ ノ ハ ハ ゲ ゲ 尸 尸 爲 爲 爲 爲
善	착할 선 ヽ ヽ ヽ ユ ゴ 半 半 羊 羊 美 善 善
者	놈 자 一 十 土 少 乡 孝 者 者 者
天	하늘 천 一 二 チ 天
報	갚을 보, 알릴 보 一 十 土 キ 吉 吉 幸 幸 幸 報 報 報
福	복 복 二 亍 示 示 和 和 和 和 福 福 福 福
不	아닐 불(부) 一 フ オ 不
禍	재앙 화 一 二 亍 示 示 和 和 和 和 禍 禍 禍 禍

爲 善 者 (는)
할 위　착할 선　놈 자

天 報 之 以 福 (하고)
하늘 천　갚을 보　그것 지　써 이　복 복

爲 不 善 者 (는)
할 위　아닐 불　착할 선　놈 자

天 報 之 以 禍 (니라)
하늘 천　갚을 보　그것 지　써 이　재앙 화

爲 善 者 는　天 報 之 以 福 하고
착한 일을 하는 사람에게는 하늘이 복으로 갚고,

爲 不 善 者 는　天 報 之 以 禍 니라
나쁜 일을 하는 사람에게는 하늘이 재앙으로 갚는다.

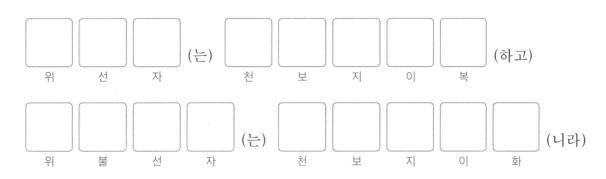

□ □ □ (는) □ □ □ □ □ (하고)
위　선　자　천　보　지　이　복

□ □ □ □ (는) □ □ □ □ □ (니라)
위　불　선　자　천　보　지　이　화

勿^물以^이善^선小^소而^이不^불爲^위(하고)

勿^물以^이惡^악小^소而^이爲^위之^지(하라)

착한 일은 아무리 작아도 하지 않아서는 안 되고,

나쁜 일은 아무리 작아도 하지 말라.

勿 말 물 ノ 勹 勺 勿 勿	不 아닐 불(부) 一 ア オ 不
以 써 이 l レ ン 以 以	爲 할 위 丶 丿 丿 爫 爫 爫 爲 爲 爲 爲 爲
善 착할 선 丶 丷 丷 半 半 羊 羊 盖 盖 善 善 善	惡 악할 악, 미워할 오 一 丆 丆 亞 亞 亞 亞 亞 惡 惡 惡 惡
小 작을 소 丿 小 小	之 갈 지, 그것 지 丶 亠 ⼇ 之

8

| 勿 | 以 | 善 | 小 | 而 | 不 | 爲 | (하고)
|---|---|---|---|---|---|---|

말 물　써 이　착할 선　작을 소　말 이을 이　아닐 불　할 위

| 勿 | 以 | 惡 | 小 | 而 | 爲 | 之 | (하라)
|---|---|---|---|---|---|---|

말 물　써 이　악할 악　작을 소　말 이을 이　할 위　그것 지

勿	以	善	小	而	不	爲	하고					

착한 일은 아무리 작아도 하지 않아서는 안 되고,

勿	以	惡	小	而	爲	之	하라					

나쁜 일은 아무리 작아도 하지 말라.

| | | | | | | | (하고)
|---|---|---|---|---|---|---|

물　이　선　소　이　불　위

| | | | | | | | (하라)
|---|---|---|---|---|---|---|

물　이　악　소　이　위　지

見善如渴(하고) 聞惡如聾(하라)
善事須貪(하고) 惡事莫樂(하라)

착한 것을 보면 목마른 것처럼 하고,
나쁜 것을 들으면 귀먹은 것처럼 하라.
착한 일은 모름지기 탐내어 하고,
나쁜 일은 즐기지 말아라.

見 볼 견
丨 冂 冂 目 目 見

如 같을 여
く 女 女 如 如 如

聞 들을 문
丨 𠃍 𠃌 𠃌 門 門 門 門 門 門 門 門 聞

惡 악할 악, 미워할 오
一 ㄒ ㅜ 示 亞 亞 亞 亞 惡 惡 惡 惡

聾 귀먹을 롱
丶 亠 立 产 齐 青 青 肯 竜 竜 龍 龍 龍
龍 龍 龍 龍 聾 聾

事 일 사
一 一 ㅋ 写 写 写 事 事

須 모름지기 수
丿 彡 彡 彡 須 須 須 須 須 須 須 須

貪 탐낼 탐
丿 人 스 今 今 含 含 含 貪 貪 貪

莫 없을 막
一 丷 艹 苎 苫 芦 苜 草 莫 莫

樂 노래 악, 즐길 락(낙), 좋아할 요
丿 冇 冇 泊 泊 狕 狕 狕 樂 樂 樂 樂 樂 樂

見	善	如	渴	(하고)
볼 견	착할 선	같을 여	목마를 갈	

聞	惡	如	聾	(하라)
들을 문	악할 악	같을 여	귀먹을 롱	

善	事	須	貪	(하고)
착할 선	일 사	모름지기 수	탐낼 탐	

惡	事	莫	樂	(하라)
악할 악	일 사	없을 막	즐길 락	

見 善 如 渴 하고 聞 惡 如 聾 하라

착한 것을 보면 목마른 것처럼 하고, 나쁜 것을 들으면 귀먹은 것처럼 하라.

善 事 須 貪 하고 惡 事 莫 樂 하라

착한 일은 모름지기 탐내어 하고, 나쁜 일은 즐기지 말아라.

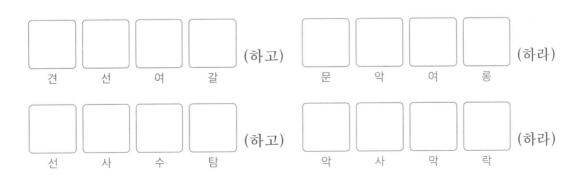

				(하고)
견	선	여	갈	

				(하라)
문	악	여	롱	

				(하고)
선	사	수	탐	

				(하라)
악	사	막	락	

恩義廣施(하라) 人生何處不相逢(이라)
讐怨莫結(하라) 路逢狹處難回避(니라)

은혜와 의리를 널리 베풀어라.
인생이 어느 곳에든
서로 만나지 않겠느냐.
원한을 맺지 말라.
좁은 길에서 만나면 피하기 어렵다.

恩	은혜 은
	丨 冂 冃 因 因 因 恩 恩 恩

義	옳을 의
	丶 丷 爫 羊 羊 羔 羔 羊 義 義 義

廣	넓을 광
	丶 亠 广 广 庐 庐 庐 庐 庐 席 廣 廣 廣 廣

讐	원수 수
	丿 亻 亻 亻 亻 亻 亻 隹 隹 隹 雔 雔 雔 雔 雔 雔 讐 讐 讐 讐 讐

莫	없을 막
	一 艹 艹 艹 莽 莯 莫 莫 莫 莫

結	맺을 결
	乙 幺 幺 幺 糸 糸 紅 紀 結 結 結

路	길 로(노)
	丶 口 口 吊 呈 足 即 趵 趵 跘 路 路 路

難	어려울 난
	一 十 廾 卄 苔 苔 苔 莗 茣 茣 菓 糞 難 難 難 難 難 難

避	피할 피
	丶 尸 尸 尸 尸 启 启 启 辟 辟 辟 辟 辟 避 避 避 避

| 恩 | 義 | 廣 | 施 | (하라) |
| 은혜 은 | 옳을 의 | 넓을 광 | 베풀 시 | |

| 人 | 生 | 何 | 處 | 不 | 相 | 逢 | (이랴) |
| 사람 인 | 날 생 | 어찌 하 | 곳 처 | 아닐 불 | 서로 상 | 만날 봉 | |

| 讐 | 怨 | 莫 | 結 | (하라) |
| 원수 수 | 원망할 원 | 없을 막 | 맺을 결 | |

| 路 | 逢 | 狹 | 處 | 難 | 回 | 避 | (니라) |
| 길 노 | 만날 봉 | 좁을 협 | 곳 처 | 어려울 난 | 돌아올 회 | 피할 피 | |

| 恩 | 義 | 廣 | 施 | 하라 | 人 | 生 | 何 | 處 | 不 | 相 | 逢 | 이랴 |

은혜와 의리를 널리 베풀어라. 인생이 어느 곳에든 서로 만나지 않겠느냐.

| 讐 | 怨 | 莫 | 結 | 하라 | 路 | 逢 | 狹 | 處 | 難 | 回 | 避 | 니라 |

원한을 맺지 말라. 좁은 길에서 만나면 피하기 어렵다.

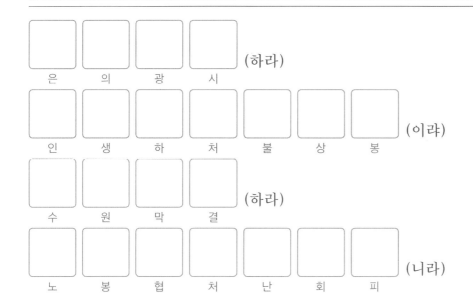

| | | | | (하라) |
| 은 | 의 | 광 | 시 | |

| | | | | | | | (이랴) |
| 인 | 생 | 하 | 처 | 불 | 상 | 봉 | |

| | | | | (하라) |
| 수 | 원 | 막 | 결 | |

| | | | | | | | (니라) |
| 노 | 봉 | 협 | 처 | 난 | 회 | 피 | |

은혜는 베풀고 원한은 맺지 말라

一日行善^{일일행선}(이면) 福雖未至^{복수미지}(나) 禍自遠矣^{화자원의}(요)

一日行惡^{일일행악}(이면) 禍雖未至^{화수미지}(나) 福自遠矣^{복자원의}(니라)

이어서 👆

어느 하루 착한 일을 했다고
비록 복이 이르지 않으나
화는 저절로 멀어질 것이요,
어느 하루 나쁜 일을 했다고
비록 화가 이르지 않으나
복은 저절로 멀어질 것이다.

行 다닐 행, 행할 행
ノ彳彳彳行行

未 아닐 미
一二牛未未

至 이를 지
一�548至至

禍 재앙 화
ニ千示示和和和和禍禍禍

自 스스로 자
'丫自自自自

遠 멀 원
一士告吉袁袁遠遠

惡 악할 악, 미워할 오
一亞惡惡惡惡

矣 어조사 의
ム矣矣

14

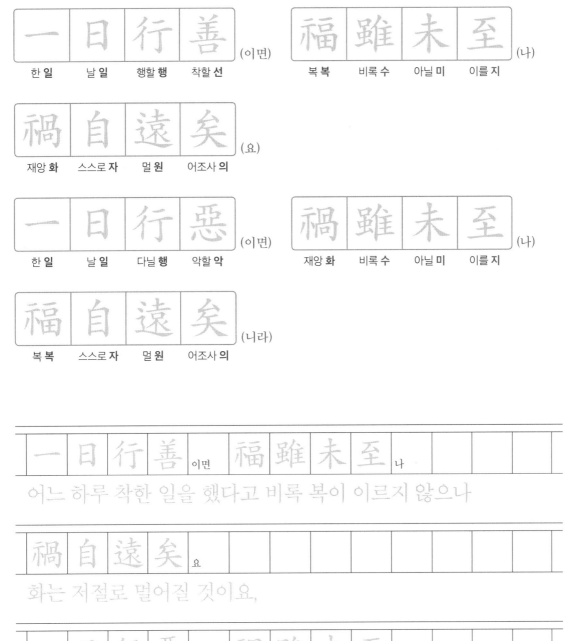

一	日	行	善	(이면)
한 **일**	날 **일**	행할 **행**	착할 **선**	

福	雖	未	至	(나)
복 **복**	비록 **수**	아닐 **미**	이를 **지**	

禍	自	遠	矣	(요)
재앙 **화**	스스로 **자**	멀 **원**	어조사 **의**	

一	日	行	惡	(이면)
한 **일**	날 **일**	다닐 **행**	악할 **악**	

禍	雖	未	至	(나)
재앙 **화**	비록 **수**	아닐 **미**	이를 **지**	

福	自	遠	矣	(니라)
복 **복**	스스로 **자**	멀 **원**	어조사 **의**	

一 日 行 善 이면 福 雖 未 至 나
어느 하루 착한 일을 했다고 비록 복이 이르지 않으나

禍 自 遠 矣 요
화는 저절로 멀어질 것이요,

一 日 行 惡 이면 禍 雖 未 至 나
어느 하루 나쁜 일을 했다고 비록 화가 이르지 않으나

福 自 遠 矣 니라
복은 저절로 멀어질 것이다.

착한 일을 하는 사람은 봄 동산의 풀과 같아서

그 자라는 것은 보이지 않아도 날마다 자라남이 있고,

나쁜 일을 하는 사람은 칼 가는 숫돌과 같아서

닳는 것은 보이지 않더라도

날마다 이지러지는 것이 있다.

行善之人(은) 如春園之草(하여)

不見其長(이라도) 日有所增(하고)

行惡之人(은) 如磨刀之石(하여)

不見其損(이라도) 日有所虧(니라)

如 같을 여	春 봄 춘
園 동산 원	草 풀 초
長 길 장, 어른 장	增 더할 증
磨 닦을 마, 갈 마	損 잃을 손
所 바 소	

行	善	之	人	(은)
다닐 행	착할 선	~의 지	사람 인	

如	春	園	之	草	(하여)
같을 여	봄 춘	동산 원	~의 지	풀 초	

不	見	其	長	(이라도)
아닐 불	볼 견	그 기	길 장	

日	有	所	增	(하고)
날 일	있을 유	바 소	더할 증	

行	惡	之	人	(은)
다닐 행	악할 악	~의 지	사람 인	

如	磨	刀	之	石	(하여)
같을 여	갈 마	칼 도	~의 지	돌 석	

不	見	其	損	(이라도)
아닐 불	볼 견	그 기	잃을 손	

日	有	所	虧	(니라)
날 일	있을 유	바 소	이지러질 휴	

行善之人은 如春園之草하여
착한 일을 하는 사람은 봄 동산의 풀과 같아서

不見其長이라도 日有所增하고
그 자라는 것은 보이지 않아도 날마다 자라남이 있고,

行惡之人은 如磨刀之石하여
나쁜 일을 하는 사람은 칼 가는 숫돌과 같아서

不見其損이라도 日有所虧니라
닳는 것은 보이지 않더라도 날마다 이지러지는 것이 있다.

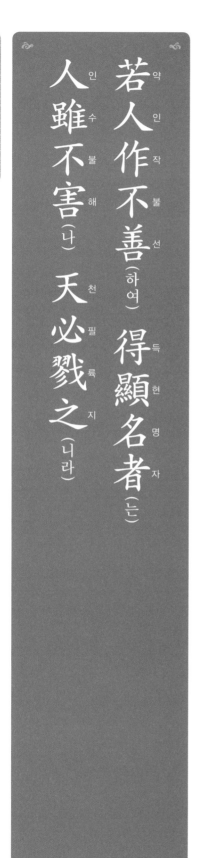

若人作不善(하여) 得顯名者(는)
人雖不害(나) 天必戮之(니라)

만일 사람이 착하지 못한 일을 해서
세상에 이름을 나타낸 자는,
다른 사람이 비록 해치지 않더라도
하늘이 반드시 그를 죽일 것이다.

若 같을 약
一十十十廿廾芋若若

作 지을 작
ノイ亻仁作作作

得 얻을 득
ノクイ彳犭犭犯犯得得得

顯 나타날 현
丶丷冂曰目旦昂昂昂昂显显顯
顯顯顯顯顯顯顯

者 놈 자
一十土尹尹老者者者

雖 비록 수
丶口口口묘묘몽몽몽虽虽虽虽蛀雖雖雖

害 해할 해
丶宀宀宁宁宝宝宝害害

必 반드시 필
丶ノ必必必

戮 죽일 륙(육)
一了了羽羽羽鬼鬼鬖鬖鬖鬖戮戮戮

18

若	人	作	不	善	(하여)
같을 약	사람 인	지을 작	아닐 불	착할 선	

得	顯	名	者	(는)
얻을 득	나타날 현	이름 명	놈 자	

人	雖	不	害	(나)
사람 인	비록 수	아닐 불	해할 해	

天	必	戮	之	(니라)
하늘 천	반드시 필	죽일 륙	그것 지	

若	人	作	不	善	하여	得	顯	名	者	는		

만일 사람이 착하지 못한 일을 해서 세상에 이름을 나타낸 자는

人	雖	不	害	나	天	必	戮	之	니라		

다른 사람이 비록 해치지 않더라도 하늘이 반드시 그를 죽일 것이다.

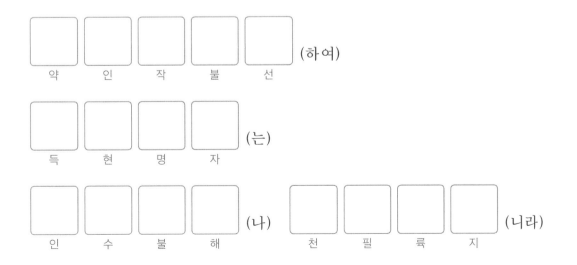

					(하여)
약	인	작	불	선	

				(는)
득	현	명	자	

				(나)
인	수	불	해	

				(니라)
천	필	륙	지	

나쁜 일을 하는 사람은 하늘이 응징한다

19

種瓜得瓜_(요) 種豆得豆_(니)
天網_(이) 恢恢_(하여) 疎而不漏_(니라)

오이를 심으면 오이를 얻고
콩을 심으면 콩을 얻으니,
하늘의 그물이 넓고 넓어서
성글기는 하지만 새지 않는다.

씨 종
種	ノ 二 千 禾 禾 禾 秆 秆 秆 種 種 種 種 種

오이 과
瓜	ノ 厂 瓜 瓜 瓜

얻을 득
得	ノ ク タ イ 往 得 得 得 得 得 得

콩 두
豆	一 ニ 戸 豆 豆 豆 豆

그물 망
網	ノ ㄥ ㄠ 幺 糸 糸 糸 網 網 網 網 網 網 網

넓을 회
恢	丶 丶 忄 忄 忄 忙 恢 恢 恢

성길 소
疎	ㄱ ㄱ 무 무 무 무 무 野 蹄 疎 疎

샐 루
漏	丶 丶 氵 氵 汧 沪 沪 沪 涓 漏 漏 漏 漏 漏

20

種 瓜 得 瓜 (요)
씨 종　오이 과　얻을 득　오이 과

種 豆 得 豆 (니)
씨 종　콩 두　얻을 득　콩 두

天 網 (이)
하늘 천　그물 망

恢 恢 (하여)
넓을 회　넓을 회

疎 而 不 漏 (니라)
성길 소　말 이을 이　아닐 불　샐 루

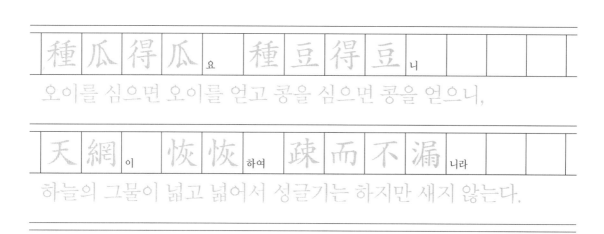

種 瓜 得 瓜 요 種 豆 得 豆 니
오이를 심으면 오이를 얻고 콩을 심으면 콩을 얻으니,

天 網 이 恢 恢 하여 疎 而 不 漏 니라
하늘의 그물이 넓고 넓어서 성글기는 하지만 새지 않는다.

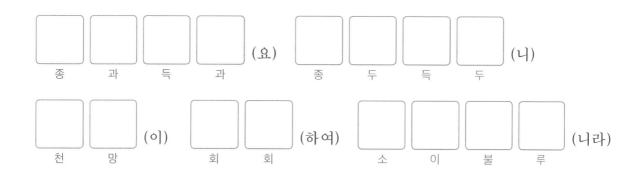

　　　　(요)　　　　　　(니)
종　과　득　과　　　종　두　득　두

　(이)　　(하여)　　　　(니라)
천　망　　회　회　　소　이　불　루

癡聾痼瘂(도) 家豪富(요)

智慧聰明(도) 却受貧(이라)

어리석거나 귀머거리거나 고질이 있거나 벙어리라도

집은 큰 부자일 수 있고,

지혜롭고 총명한 사람이라도

오히려 가난할 수 있다.

이어서 👉

癡 어리석을 치
丶 丶 广 广 疒 疒 疒 疒 疒 疒 疒 瘂 瘂
瘂 癡 癡 癡 癡 癡

聾 귀먹을 롱
丶 亠 亠 产 产 青 青 青 青 青 龍 龍 龍 龍
龍 龍 龍 龍 龍 聾

痼 고질 고
丶 亠 广 广 疒 疒 疒 痫 痫 痼 痼 痼

家 집 가
丶 丶 宀 宀 宀 宇 宇 宇 家 家

富 부유할 부
丶 丶 宀 宀 宀 宀 富 宫 宫 宫 富 富

却 물리칠 각
一 十 土 去 去 去 却 却

貧 가난할 빈
丶 八 分 分 分 分 貧 貧 貧 貧 貧

癡	聾	痼	瘂	(도)	家	豪	富	(요)
어리석을 치	귀먹을 롱	고질 고	벙어리 아		집 가	호걸 호	부유할 부	

智	慧	聰	明	(도)	却	受	貧	(이라)
지혜 지	슬기로울 혜	귀 밝을 총	밝을 명		물리칠 각	받을 수	가난할 빈	

癡聾痼瘂도 家豪富요

어리석거나 귀머거리나 고질이 있거나 벙어리라도 집은 큰
부자일 수 있고,

智慧聰明도 却受貧이라

지혜롭고 총명한 사람이라도 오히려 가난할 수 있다.

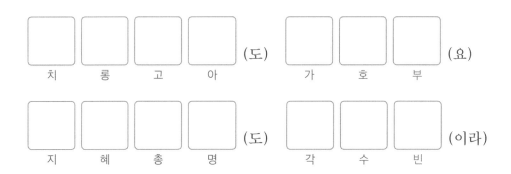

				(도)				(요)
치	롱	고	아		가	호	부	

				(도)				(이라)
지	혜	총	명		각	수	빈	

年月日時 該載定_{하니}

算來由命不由人_{이니라}

연월일시 해재정

산래유명불유인

해와 달 그리고 날과 때가
모두 정해져 있으니,
따지면 운명에 달려 있지
사람에게 달려 있지
않다.

時	때시	丨 刀 日 日 日 旷 昨 昨 時 時
該	마땅 해	一 亠 言 言 言 言 訁 訡 診 該 該 該
載	실을 재	一 十 土 圭 吉 吉 查 查 查 載 載 載
定	정할 정	丶 宀 宀 宀 宇 宇 定 定

算	셈 산	丿 卜 竹 竹 竹 竹 竹 笤 笡 算 算 算
來	올 래(내)	一 厂 厂 厂 夾 來 來
由	말미암을 유	丨 冂 日 由 由
命	목숨 명, 명령할 명	丿 人 人 合 合 合 命 命

年	月	日	時		該	載	定
해 연	달 월	날 일	때 시		마땅 해	실을 재	정할 정

(하니)

算	來	由	命	不	由	人
셈 산	올 래	말미암을 유	명령할 명	아닐 불	말미암을 유	사람 인

(이니라)

년 月 日 時　　該 載 定 하니

해와 달 그리고 날과 때가 모두 정해져 있으니,

算 來 由 命 不 由 人 이니라

따지면 운명에 달려 있지 사람에게 달려 있지 않다.

							(하니)
연	월	일	시	해	재	정	

							(이니라)
산	래	유	명	불	유	인	

父兮生我(부혜생아)(하시고) 母兮鞠我(모혜국아)(하시니)

哀哀父母(애애부모)(여) 生我劬勞(생아구로)(시다)

欲報深恩(욕보심은)(인대) 昊天罔極(호천망극)(이로다)

아버지는 나를 낳으시고
어머니는 나를 기르셨네.
애달프고도 애달프다, 부모님이시여.
나를 낳아 기르느라 애쓰셨네.
그 깊은 은혜 갚으려 해도
하늘처럼 높아 끝이 없네.

父 아버지 부
丶 丷 分 父

我 나 아
丿 一 千 手 我 我 我

母 어머니 모
乚 夕 夕 母 母

鞠 기를 국
一 十 廿 廿 廿 芇 芇 苩 革 革 靪 靪 靪 鞠 鞠 鞠

勞 일할 로(노)
丶 丷 ヅ ヅ ヅ 炒 炒 炒 炒 炒 䒑 労 勞

報 갚을 보, 알릴 보
一 十 土 ≠ 卉 查 查 幸 幸 郣 郣 報

恩 은혜 은
丨 冂 刀 因 因 因 因 因 恩 恩 恩

昊 하늘 호
丶 冂 冖 日 旦 旦 导 昊 昊

極 극진할 극, 다할 극
一 十 オ 才 术 朽 朽 朽 朽 柜 柜 極 極 極

父	兮	生	我	(하시고)
아버지 부	어조사 혜	날 생	나 아	

母	兮	鞠	我	(하시니)
어머니 모	어조사 혜	기를 국	나 아	

哀	哀	父	母	(여)
슬플 애	슬플 애	아버지 부	어머니 모	

生	我	劬	勞	(시다)
날 생	나 아	수고로울 구	일할 로	

欲	報	深	恩	(인대)
하고자 할 욕	갚을 보	깊을 심	은혜 은	

昊	天	罔	極	(이로다)
하늘 호	하늘 천	없을 망	다할 극	

父	兮	生	我	하시고	母	兮	鞠	我	하시니			

아버지는 나를 낳으시고 어머니는 나를 기르셨네.

哀	哀	父	母	여	生	我	劬	勞	로시다			

애달프고도 애달프다, 부모님이시어. 나를 낳아 기르느라 애쓰셨네.

欲	報	深	恩	인대	昊	天	罔	極	이로다			

그 깊은 은혜 갚으려 해도 하늘처럼 높아 끝이 없네.

				(하시고)					(하시니)
부	혜	생	아		모	혜	국	아	

				(여)					(시다)
애	애	부	모		생	아	구	로	

				(인대)					(이로다)
욕	보	심	은		호	천	망	극	

효자가 부모님을 섬길 때는 이렇다.

거처할 때는 공경을 다하고,

봉양할 때는 즐거움을 다하고,

병드셨을 때는 근심을 다하고,

돌아가셨을 때는 슬픔을 다하고,

제사 지낼 때에는 엄숙함을 다한다.

孝子之事親也〔에〕 居則致其敬〔하고〕

養則致其樂〔하고〕 病則致其憂〔하고〕

喪則致其哀〔하고〕 祭則致其嚴〔이니라〕

효자지사친야 거즉치기경

양즉치기락 병즉치기우

상즉치기애 제즉치기엄

孝	효도 효
親	친할 친
居	살 거
致	이를 치
敬	공경할 경
養	기를 양
病	병 병
喪	잃을 상, 사람이 죽을 상

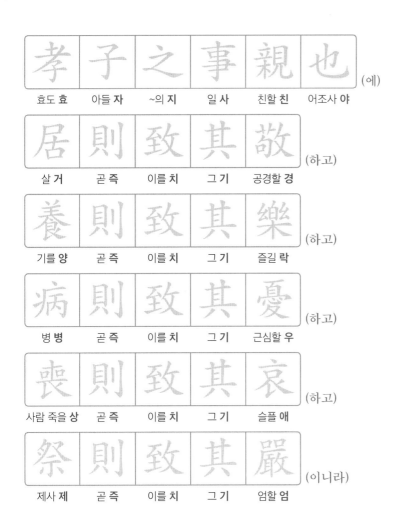

孝	子	之	事	親	也
효도 효	아들 자	~의 지	일 사	친할 친	어조사 야

(에)

居	則	致	其	敬
살 거	곧 즉	이를 치	그 기	공경할 경

(하고)

養	則	致	其	樂
기를 양	곧 즉	이를 치	그 기	즐길 락

(하고)

病	則	致	其	憂
병 병	곧 즉	이를 치	그 기	근심할 우

(하고)

喪	則	致	其	哀
사람 죽을 상	곧 즉	이를 치	그 기	슬플 애

(하고)

祭	則	致	其	嚴
제사 제	곧 즉	이를 치	그 기	엄할 엄

(이니라)

孝	子	之	事	親	也	에		居	則	致	其	敬	하고

효자가 부모님을 섬길 때는 이렇다. 거처할 때는 공경을 다하고,

養	則	致	其	樂	하고	病	則	致	其	憂	하고

봉양할 때는 즐거움을 다하고, 병드셨을 때는 근심을 다하고,

喪	則	致	其	哀	하고	祭	則	致	其	嚴	이니라

돌아가셨을 때는 슬픔을 다하고, 제사 지낼 때에는 엄숙함을 다한다.

父母在(어시든) 不遠遊(하며) 遊必有方(이니라)

父命召(어시든) 唯而不諾(하고) 食在口則吐之(니라)

부모님이 살아 계시거든 멀리 나가지 않으며,

나가면 반드시 가는 곳을 말씀드려야 한다.

아버지께서 부르시거든

예! 하고 대답하고 머뭇거리지 말고,

음식이 입안에 있으면 뱉어야 한다.

在	있을 재	一ナオオ存在
遠	멀 원	一十土キ吉青青青袁袁遠遠遠
遊	놀 유, 돌아다닐 유	丶亠方方扩扩芥斿斿游游游遊
方	모 방, 방향 방	丶亠方方
命	목숨 명, 명령할 명	丿人人合合合命命
唯	오직 유	丶口口叭叩叩咋咋咋唯唯
諾	허락할 락(낙)	丶二言言言言言計計話話話話諾諾
食	밥 식, 먹을 식	丿人人今今今今食食食

父 母 在 (어시든) 不 遠 遊 (하며)
아버지 부　어머니 모　있을 재　　아닐 불　멀 원　돌아다닐 유

遊 必 有 方 (니라)
돌아다닐 유　반드시 필　있을 유　방향 방

父 命 召 (어시든) 唯 而 不 諾 (하고)
아버지 부　명령할 명　부를 소　　오직 유　말 이을 이　아닐 불　허락할 락

食 在 口 則 吐 之 (니라)
밥 식　있을 재　입 구　곧 즉　토할 토　그것 지

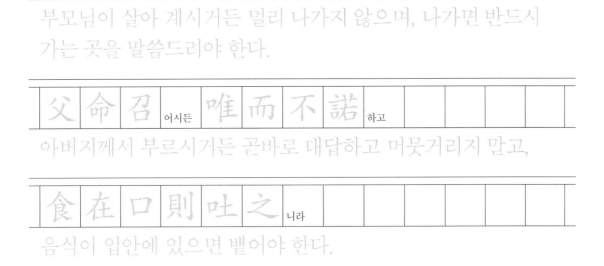

父 母 在 어시든 不 遠 遊 하며 遊 必 有 方 니라
부모님이 살아 계시거든 멀리 나가지 않으며, 나가면 반드시
가는 곳을 말씀드리야 한다.

父 命 召 어시든 唯 而 不 諾 하고
아버지께서 부르시거든 곧바로 대답하고 머뭇거리지 말고,

食 在 口 則 吐 之 니라
음식이 입안에 있으면 뱉어야 한다.

효도하고 순종하는 사람은
자신도 다시 효도하고 순종하는 자식을 낳을 것이요,
부모에게 거스르고 거역하는 사람은
자신도 거스르고 거역하는 자식을 낳을 것이다.
믿지 못하겠거든 오직 처마 끝의 떨어지는 물을 보라.
방울방울 떨어지는 것이 조금도 어긋남과 옮김이 없다.

孝順(은) 還生孝順子(요)
忤逆(은) 還生忤逆子(라)
不信(커든) 但看簷頭水(하라)
點點滴滴不差移(니라)

순할 순, 따를 순	돌아올 환
順	還
거스를 역	믿을 신
逆	信
다만 단	처마 첨
但	簷
머리 두	점 점
頭	點
다를 차	옮길 이
差	移

孝	順	(은)
효도 효	따를 순	

還	生	孝	順	子	(요)
돌아올 환	날 생	효도 효	따를 순	자식 자	

忤	逆	(은)
거스를 오	거스를 역	

還	生	忤	逆	子	(라)
돌아올 환	날 생	거스를 오	거스를 역	자식 자	

不	信	(커든)
아닐 불	믿을 신	

但	看	簷	頭	水	(하라)
다만 단	볼 간	처마 첨	머리 두	물 수	

點	點	滴	滴	不	差	移	(니라)
점 점	점 점	물방울 적	물방울 적	아닐 불	다를 차	옮길 이	

孝順은 還生孝順子요

효도하고 순종하는 사람은 자신도 다시 효도하고 순종하는 자식을 낳을 것이요,

忤逆은 還生忤逆子라

부모에게 거스르고 거역하는 사람은 자신도 거스르고 거역하는 자식을 낳을 것이다.

不信커든 但看簷頭水하라

믿지 못하겠거든 처마 끝의 떨어지는 물을 보라.

點點滴滴不差移니라

방울방울 떨어지는 것이 조금도 어긋남과 옮김이 없다.

福생어청검
生
於
清
儉
(하고)

德생어비퇴
生
於
卑
退
(하고)

道생어안정
生
於
安
靜
(하고)

命생어화창
生
於
和
暢
(하고)

복은 맑고 검소한 데서 생기고,

덕은 자신을 낮추고 겸손한 데서 생기고,

도는 편안하고 고요한 데서 생기고,

생명은 조화롭고 화창한 데서 생기고,

이어서 ☞

	福	복복
		一 二 亠 亍 示 示 示 示 示 福 福 福 福

	清	맑을 청
		丶 丶 氵 氵 汀 浐 浐 清 清 清 清

	德	덕덕
		丿 夕 彳 彳 彳 彳 祏 祏 徳 徳 德 德 德 德

	卑	낮을 비
		丿 亻 白 白 白 甶 鬼 卑

	道	길 도, 도 도
		丶 丷 丷 丷 首 首 首 首 道 道 道

	靜	고요할 정
		一 二 丰 主 青 青 青 青 青 靜 靜 靜 靜 靜

	命	목숨 명
		丿 人 스 合 合 合 命 命

	暢	화창할 창
		丶 冂 日 日 申 申 昒 昒 昒 暢 暢 暢 暢

福	生	於	淸	儉	(하고)
복복	날생	어조사 어	맑을 청	검소할 검	

德	生	於	卑	退	(하고)
덕덕	날생	어조사 어	낮을 비	물러날 퇴	

道	生	於	安	靜	(하고)
도도	날생	어조사 어	편안할 안	고요할 정	

命	生	於	和	暢	(하고)
목숨 명	날생	어조사 어	화할 화	화창할 창	

福生於淸儉 하고 德生於卑退 하고

복은 맑고 검소한 데서 생기고, 덕은 자신을 낮추고 겸손한 데서 생기고,

道生於安靜 하고 命生於和暢 하고

도는 편안하고 고요한 데서 생기고, 생명은 조화롭고 화창한 데서 생기고,

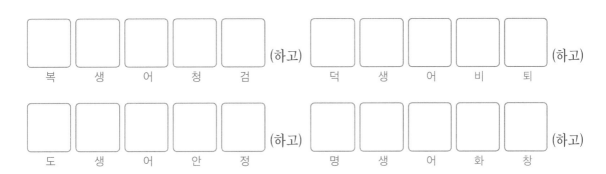

					(하고)						(하고)
복	생	어	청	검		덕	생	어	비	퇴	

					(하고)						(하고)
도	생	어	안	정		명	생	어	화	창	

憂生於多慾(하고) 禍生於多貪(하고)

過生於輕慢(하고) 罪生於不仁(하니라)

우생어다욕 화생어다탐

과생어경만 죄생어불인

이어서 ☞

근심은 많이 욕심부리는 데서 생기고,

화는 많이 탐하는 데서 생기고,

허물은 경솔하고 거만한 데서 생기고,

죄는 어질지 못한 데서 생긴다.

憂	근심할 우	一 憂
慾	욕심 욕	
禍	재앙 화	
貪	탐낼 탐	
過	잘못 과, 지날 과	
慢	거만할 만	
罪	죄 죄	

36

憂 生 於 多 慾 (하고)
근심할 **우** 날 **생** 어조사 **어** 많을 **다** 욕심 **욕**

禍 生 於 多 貪 (하고)
재앙 **화** 날 **생** 어조사 **어** 많을 **다** 탐낼 **탐**

過 生 於 輕 慢 (하고)
잘못 **과** 날 **생** 어조사 **어** 가벼울 **경** 거만할 **만**

罪 生 於 不 仁 (하니라)
죄 **죄** 날 **생** 어조사 **어** 아닐 **불** 어질 **인**

憂 生 於 多 慾 하고 禍 生 於 多 貪 하고

근심은 많이 욕심부리는 데서 생기고, 화는 많이 탐하는 데서
생기고,

過 生 於 輕 慢 하고 罪 生 於 不 仁 하니라

허물은 경솔하고 거만한 데서 생기고, 죄는 어질지 못한 데서
생긴다.

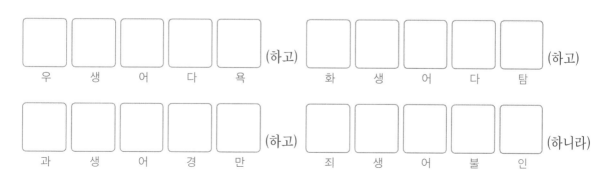

(하고)
우 생 어 다 욕

(하고)
화 생 어 다 탐

(하고)
과 생 어 경 만

(하니라)
죄 생 어 불 인

戒眼〔계안〕〔하여〕 莫看他非〔막간타비〕〔하고〕 戒口〔계구〕〔하여〕 莫談他短〔막담타단〕〔하고〕

戒心〔계심〕〔하여〕 莫自貪嗔〔막자탐진〕〔하고〕 戒身〔계신〕〔하여〕 莫隨惡伴〔막수악반〕〔하라〕

이어서 👉

눈을 경계하여 다른 사람의 그릇됨을 보지 말고,

입을 경계하여 다른 사람의 단점을 말하지 말고,

마음을 경계하여 스스로 탐내거나 성내지 말고,

몸을 경계하여 나쁜 친구를 따르지 마라.

戒	경계할 계 一 二 干 开 戒 戒 戒
莫	없을 막 一 十 卄 ᅡ 莒 莒 莒 莒 莫 莫
他	다를 타, 남 타 ノ 亻 伋 他 他
談	말씀 담 丶 二 亖 言 言 言 言 談 談 談 談 談 談
短	짧을 단, 모자랄 단 ノ 广 듀 矢 矢 矩 短 短 短 短 短 短

戒	眼	(하여)
경계할 **계**	눈 **안**	

莫	看	他	非	(하고)
없을 **막**	볼 **간**	남 **타**	그를 **비**	

戒	口	(하여)
경계할 **계**	입 **구**	

莫	談	他	短	(하라)
없을 **막**	말씀 **담**	남 **타**	모자랄 **단**	

戒	心	(하여)
경계할 **계**	마음 **심**	

莫	自	貪	嗔	(하고)
없을 **막**	스스로 **자**	탐낼 **탐**	성낼 **진**	

戒	身	(하여)
경계할 **계**	몸 **신**	

莫	隨	惡	伴	(하라)
없을 **막**	따를 **수**	악할 **악**	짝 **반**	

戒眼莫看他非 하고 戒口莫談他短 하고

눈을 경계하여 다른 사람의 그릇됨을 보지 말고, 입을 경계하여
다른 사람의 단점을 말하지 말고,

戒心莫自貪嗔 하고 戒身莫隨惡伴 하라

마음을 경계하여 스스로 탐내거나 성내지 말고, 몸을 경계하여
나쁜 친구를 따르지 마라.

無_무益_익之_지言_언(을) 莫_막妄_망說_설(하고)

不_불干_간己_기事_사(를) 莫_막妄_망爲_위(하라)

이로움이 없는 말을 함부로 하지 말고,
자기와 관계없는 일을 함부로 하지 말아라.

이어서

無 없을 무
ノ ㅕ ㅕㅕ 무 無 無 無 無 無 無

益 더할 익, 이로울 익
ノ 八 八 八 仝 谷 谷 益 益

莫 없을 막
一 十 节 苩 莒 莫 莫

妄 망령될 망
一 亡 它 妄 妄

說 말씀 설, 달랠 세
言 言 訐 証 説 說

事 일 사
一 戸 写 写 事

爲 할 위
爫 爲 爲 爲

無	益	之	言	(을)
없을 무	이로울 익	~의 지	말씀 언	

莫	妄	說	(하고)
없을 막	망령될 망	말씀 설	

不	干	己	事	(를)
아닐 불	방패 간	자기 기	일 사	

莫	妄	爲	(하라)
없을 막	망령될 망	할 위	

無益之言을 莫妄說하고

이로움이 없는 말을 함부로 하지 말고,

不干己事를 莫妄爲하라

자기와 관계없는 일을 함부로 하지 말라.

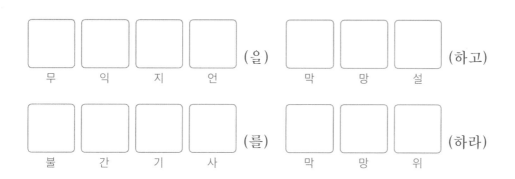

				(을)
무	익	지	언	

			(하고)
막	망	설	

				(를)
불	간	기	사	

			(하라)
막	망	위	

임금을 높이고 부모님께 효도하며
어른을 공경하고 덕 있는 사람을 받들며
지혜로운 사람과 어리석은 사람을 분별하고
무식한 사람을 용서해 주어라.

尊君王(하고) 孝父母(하며)
존군왕 효부모

敬尊長(하고) 奉有德(하며)
경존장 봉유덕

別賢愚(하고) 恕無識(하라)
별현우 서무식

이어서 👉

尊	높을 존 丿 八 父 夻 夻 夻 夻 夼 夼 夎 尊 尊 尊	孝	효도 효 一 十 土 耂 耂 孝 孝
敬	공경할 경 一 十 艹 艹 岁 芍 苟 苟 苟 敬 敬 敬	長	길 장, 어른 장 丨 r r F E 長 長 長
德	덕 덕 丿 彳 彳 彳 德 德 德 德 德 德 德 德 德 德 德	別	나눌 별, 다를 별 丶 口 口 号 号 別 別
賢	어질 현 一 丨 ェ 곤 臣 臤 臤 臤 臤 臤 臤 腎 賢 賢	愚	어리석을 우 丶 口 口 日 月 禺 禺 禺 禺 禺 愚 愚 愚
恕	용서할 서 乚 女 女 如 如 如 如 恕 恕 恕	識	알 식 丶 亠 言 言 言 言 言 訂 訂 訂 訂 識 識 識 識

42

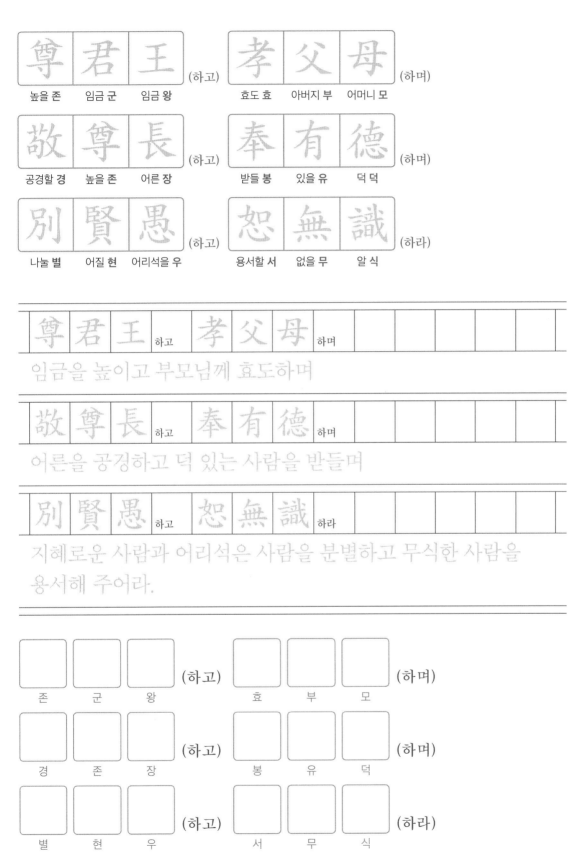

尊	君	王	(하고)	孝	父	母	(하며)
높을 존	임금 군	임금 왕		효도 효	아버지 부	어머니 모	

敬	尊	長	(하고)	奉	有	德	(하며)
공경할 경	높을 존	어른 장		받들 봉	있을 유	덕 덕	

別	賢	愚	(하고)	恕	無	識	(하라)
나눌 별	어질 현	어리석을 우		용서할 서	없을 무	알 식	

尊君王하고 孝父母하며

임금을 높이고 부모님께 효도하며

敬尊長하고 奉有德하며

어른을 공경하고 덕 있는 사람을 받들며

別賢愚하고 恕無識하라

지혜로운 사람과 어리석은 사람을 분별하고 무식한 사람을
용서해 주어라.

			(하고)				(하며)
존	군	왕		효	부	모	

			(하고)				(하며)
경	존	장		봉	유	덕	

			(하고)				(하라)
별	현	우		서	무	식	

物順來而勿拒(하고) 物旣去而勿追(하고)
物(물) 順(순) 來(래이) 而(이물) 勿(물) 拒(거)
物(물) 旣(기거이) 去(거) 而(이물) 勿(물) 追(추)

身未遇而勿望(하고) 事已過而勿思(하라)
身(신) 未(미우이) 遇(이물) 而(이물) 望(망)
事(사이이) 已(이과이) 過(이물) 勿(물) 思(사)

이어서 ☞

사물이 순리대로 오거든 물리치지 말고

사물이 이미 갔거든 쫓지 말고,

몸이 때를 만나지 못했거든 바라지 말고

일이 이미 지나갔거든 생각지 마라.

物 물건 물
丿 ナ 牛 牛 牜 物 物 物

順 순할 순, 따를 순
丿 刂 川 川 川 順 順 順 順 順 順 順

來 올 래(내)
一 厂 厂 厂 厂 來 來 來

旣 이미 기
丿 亻 亻 白 白 自 自 旣 旣 旣

去 갈 거
一 十 土 去 去

追 쫓을 추
丿 亻 亻 户 户 自 自 追 追 追 追

未 아닐 미
一 二 キ 才 未

望 바랄 망
丿 亠 亡 亡 卯 胡 胡 胡 望 望 望

思 생각할 사
丶 口 日 田 田 思 思 思 思

物 順 來 而 勿 拒 (하고)
물건 **물**　따를 **순**　올 래　말 이을 **이**　말 **물**　막을 **거**

物 旣 去 而 勿 追 (하고)
물건 **물**　이미 **기**　갈 **거**　말 이을 **이**　말 **물**　쫓을 **추**

身 未 遇 而 勿 望 (하고)
몸 **신**　아닐 **미**　만날 **우**　말 이을 **이**　말 **물**　바랄 **망**

事 己 過 而 勿 思 (하라)
일 **사**　이미 **이**　지날 **과**　말 이을 **이**　말 **물**　생각할 **사**

物 順 來 而 勿 拒 하고　物 旣 去 而 勿 追 하고

사물이 순리대로 오거든 물리치지 말고 사물이 이미 갔거든
뒤쫓지 말고,

身 未 遇 而 勿 望 하고　事 己 過 而 勿 思 하라

몸이 때를 만나지 못했거든 바라지 말고 일이 이미 지나갔거든
생각지 마라.

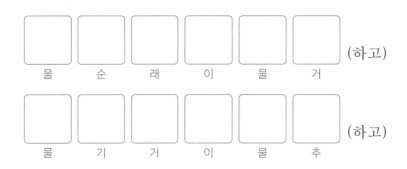

(하고)
물　순　래　이　물　거

(하고)
물　기　거　이　물　추

총명한 사람도 어리석을 때가 많고,

잘 세운 계획도 편의를 잃는 수가 있다.

다른 사람에게 손해를 입히면 결국 자신도 손실을 입고,

세력에 기대면 재앙이 따르게 된다.

聰_총明_명多_다暗_암昧_매(요) 算_산計_계失_실便_편宜_의(니라)

損_손人_인終_종自_자失_실(이요) 倚_의勢_세禍_화相_상隨_수(니라)

이어서 👉

算 셈 산
丿 丶 十 サ 竹 竺 笛 笛 質 筲 筲 筧 算 算

計 셀 계, 꾀 계
丶 二 二 言 言 言 訂 計

失 잃을 실
丿 二 生 失

終 마칠 종
乡 纟 糸 糸 糸 終 終 終

自 스스로 자
丿 亻 冇 自 自

倚 기댈 의
丿 亻 仁 仃 位 佇 倚 倚 倚

禍 재앙 화
一 亍 示 示 禾 和 和 和 禍 禍 禍 禍

相 서로 상
一 十 才 木 相 相 相 相

隨 따를 수
丿 卩 阝 阝 阼 阼 阼 阵 隋 隋 隋 隋 隋 隨

聰明多暗昧 (요)
귀 밝을 총 / 밝을 명 / 많을 다 / 어두울 암 / 어두울 매

算計失便宜 (니라)
셈 산 / 꾀 계 / 잃을 실 / 편할 편 / 마땅 의

損人終自失 (이요)
잃을 손 / 사람 인 / 마칠 종 / 스스로 자 / 잃을 실

倚勢禍相隨 (니라)
기댈 의 / 형세 세 / 재앙 화 / 서로 상 / 따를 수

聰明多暗昧 요 算計失便宜 니라

총명한 사람도 어리석을 때가 많고, 잘 세운 계획도 편의를 잃는 수가 있다.

損人終自失 이요 倚勢禍相隨 니라

다른 사람에게 손해를 입히면 결국 자신도 손실을 입고, 세력에 기대면 재앙이 따르게 된다.

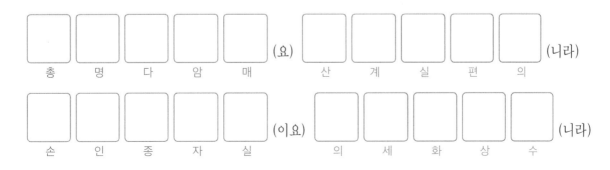

					(요)						(니라)
총	명	다	암	매		산	계	실	편	의	

					(이요)						(니라)
손	인	종	자	실		의	세	화	상	수	

경계하는 것은 마음에 있고

그것을 지키는 것은 기운에 있다.

절약하지 않기 때문에 집안이 망하고

청렴하지 않기 때문에 지위를 잃는다.

戒之在心_(계지재심)(하고) 守之在氣_(수지재기)(니라)

爲不節而亡家_(위부절이망가)(하고) 因不廉而失位_(인불렴이실위)(니라)

이어서 👆

在 있을 재
一ナオ左存在

氣 기운 기
丿丿气气气气气氧氣氣

爲 할 위
丶丶丶爫爫爫爫爲爲爲爲爲

節 마디 절
丿丿丿竹竹竹竹竹竹竹節節節節節節

家 집 가
丶丶宀宀宇宇宇家家家家

因 인할 인
丨冂冂冈冈因

廉 청렴할 렴(염)
丶亠广广广产产庐庐庐庐廉廉廉

位 자리 위
丿亻亻亻亻位位

48

戒	之	在	心	(하고)	守	之	在	氣	(니라)
경계할 계	그것 지	있을 재	마음 심		지킬 수	그것 지	있을 재	기운 기	

爲	不	節	而	亡	家	(하고)
할 위	아닐 부	마디 절	말 이을 이	망할 망	집 가	

因	不	廉	而	失	位	(니라)
인할 인	아닐 불	청렴할 렴	말 이을 이	잃을 실	자리 위	

戒 之 在 心 하고 守 之 在 氣 니라

경계하는 것은 마음에 있고 그것을 지키는 것은 기운에 있다.

爲 不 節 而 亡 家 하고

절약하지 않기 때문에 집안이 망하고

因 不 廉 而 失 位 니라

청렴하지 않기 때문에 지위를 잃는다.

				(하고)					(니라)
계	지	재	심		수	지	재	기	

						(하고)
위	부	절	이	망	가	

						(니라)
인	불	렴	이	실	위	

勸君自警於平生(하니) 可歎可驚而可思(니라)
上臨之以天鑑(하고) 下察之以地祇(라)

권군자경어평생 가탄가경이가사
상림지이천감(하고) 하찰지이지기(라)

그대에게 평생을 두고
스스로 경계하기를 권하니
가히 탄식하며 깨치고 생각하라.
위로는 하늘의 거울이 살피고 있고
아래로는 땅의 신령이 살피고 있다.

이어서 ☞

警 깨우칠 경
一 十 六 岁 岁 芍 苟 苟 苟 苟 苟 苟 敬 敬 敬 警 警 警 警 警 警

平 평평할 평
一 丆 二 二 平

思 생각할 사
丨 口 曰 田 田 思 思 思 思

可 옳을 가, ~할 수 있을 가
一 一 一 一 可 可

以 써 이
丨 丨 丿 以 以

臨 임할 림(임)
一 丅 丆 丮 臣 臣 臣 臣 臣 臣 臨 臨 臨 臨 臨 臨 臨

鑑 거울 감
丿 丿 一 丘 牟 牟 金 金 金 金 金 金 鈩 鈩 鈩 鑑 鑑 鑑 鑑 鑑

地 땅 지
一 十 土 圤 地 地

勸 君 自 警 於 平 生 (하니)

권할 권　그대 군　스스로 자　깨우칠 경　어조사 어　평평할 평　날 생

可 歎 可 驚 而 可 思 (니라)

옳을 가　탄식할 탄　옳을 가　놀랄 경　말 이을 이　옳을 가　생각할 사

上 臨 之 以 天 鑑 (하고)

윗 상　임할 림　갈 지　써 이　하늘 천　거울 감

下 察 之 以 地 祇 (라)

아래 하　살필 찰　갈 지　써 이　땅 지　땅귀신 기

勸 君 自 警 於 平 生 하니

그대에게 평생을 두고 스스로 경계하기를 권하니

可 歎 可 驚 而 可 思 니라

가히 탄식하며 깨치고 생각하라.

上 臨 之 以 天 鑑 하고

위로는 하늘의 거울이 살피고 있고

下 察 之 以 地 祇 라

아래로는 땅의 신령이 살피고 있다.

明有王法相繼(하고) 暗有鬼神相隨(라)
惟正可守(요) 心不可欺(니) 戒之戒之(하라)

명 유 왕 법 상 계 암 유 귀 신 상 수
유 정 가 수 심 불 가 기 계 지 계 지
(요) (니) (하라)

밝은 곳에서는 임금의 법이 서로 이어 있고,

어두운 곳에서는 귀신이 서로 잇따른다.

오직 바른 것을 지키고

마음을 속이지 말 것이니,

경계하고 경계하라.

有	있을 유	一 ナ オ 冇 有 有
法	법 법	丶 氵 氵 汁 法 法 法
相	서로 상	一 十 オ 木 机 机 相 相 相
繼	이을 계	幺 幺 幺 糹 糹 糸 糸 糸 糸 絲 絲 絲 絲 繼 繼 繼 繼 繼 繼 繼 繼
神	귀신 신	一 二 亍 礻 礻 礻 和 和 和 神
正	바를 정	一 丁 下 下 正
戒	경계할 계	一 二 干 开 戒 戒 戒

明 有 王 法 相 繼 (하고)

밝을 **명**　있을 **유**　임금 **왕**　법 **법**　서로 **상**　이을 **계**

暗 有 鬼 神 相 隨 (라)

어두울 **암**　있을 **유**　귀신 **귀**　귀신 **신**　서로 **상**　따를 **수**

惟 正 可 守 (요)

생각할 **유**　바를 **정**　옳을 **가**　지킬 **수**

心 不 可 欺 (니)

마음 **심**　아닐 **불**　옳을 **가**　속일 **기**

戒 之 戒 之 (하라)

경계할 **계**　그것 **지**　경계할 **계**　그것 **지**

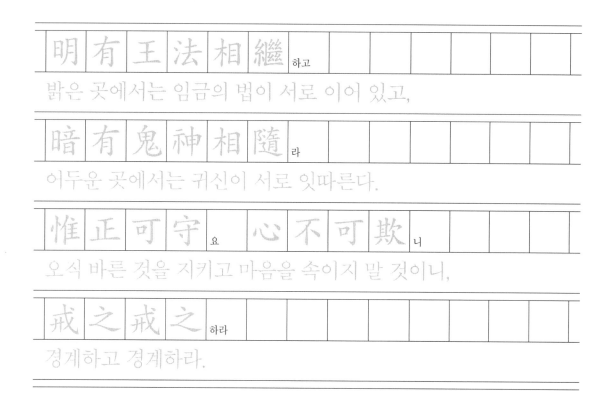

明 有 王 法 相 繼 하고

밝은 곳에서는 임금의 법이 서로 이어 있고,

暗 有 鬼 神 相 隨 라

어두운 곳에서는 귀신이 서로 잇따른다.

惟 正 可 守 요　心 不 可 欺 니

오직 바른 것을 지키고 마음을 속이지 말 것이니,

戒 之 戒 之 하라

경계하고 경계하라.

知足者(는) 貧賤亦樂(이요) 不知足者(는) 富貴亦憂(니라)

知足常足(이면) 終身不辱(하고) 知止常止(면) 終身無恥(니라)

만족할 줄 아는 사람은

가난하고 천하여도 역시 즐겁고,

만족할 줄 모르는 사람은

부귀를 누려도 또한 근심스러우니라.

만족할 줄 알아 늘 만족하면

평생토록 욕되지 않고,

그칠 줄 알아 늘 그치면

평생토록 부끄러움이 없느니라.

貧 가난할 빈
ノ 八 分 分 分 分 分 貧 貧 貧 貧

賤 천할 천
丨 冂 冂 月 月 月 貝 貝 貯 賎 賎 賎 賤 賤

樂 즐길 락, 노래 악, 좋아할 요
ノ 自 自 自 自 伯 伯 幼 幼 姚 姚 樂 樂 樂 樂

貴 귀할 귀
丶 丷 口 中 虫 串 貴 貴 貴 貴 貴 貴

憂 근심할 우
一 一 一 万 丙 百 百 百 盲 直 惪 惪 惪 惪 憂 憂

終 마칠 종
ノ 幺 幺 糸 糸 糸 糸 紗 終 終 終

辱 욕될 욕
一 厂 厂 厂 厄 后 辰 辰 辱 辱

恥 부끄러울 치
一 丁 丅 玨 耳 耳 耳 恥 恥 恥

54

知	足	者	(는)	貧	賤	亦	樂	(이요)
알 지	족할 족	놈 자		가난할 빈	천할 천	또 역	즐길 락	

不	知	足	者	(는)	富	貴	亦	憂	(니라)
아닐 부	알 지	족할 족	놈 자		부유할 부	귀할 귀	또 역	근심할 우	

知	足	常	足	(이면)	終	身	不	辱	(하고)
알 지	족할 족	항상 상	족할 족		마칠 종	몸 신	아닐 불	욕될 욕	

知	止	常	止	(면)	終	身	無	恥	(니라)
알 지	그칠 지	항상 상	그칠 지		마칠 종	몸 신	없을 무	부끄러울 치	

知足者는 貧賤亦樂이요

만족할 줄 아는 사람은 가난하고 천하여도 역시 즐겁고,

不知足者는 富貴亦憂니라

만족함을 알지 못하는 사람은 부유하고 귀하여도 또한 근심하느니라.

知足常足이면 終身不辱하고

만족할 줄 알아 늘 만족하면 종신토록 욕되지 않고,

知止常止면 終身無恥니라

그칠 줄 알아 항상 그치면 종신토록 부끄러움이 없느니라.

安分身無辱(이요) 知機心自閑(이라)

雖居人世上(이나) 却是出人間(이니라)

편안한 마음으로 분수를 지키면

몸에 욕됨이 없을 것이요,

세상 돌아가는 기틀을 알면

마음이 절로 한가하니라.

비록 인간 세상에 살지라도

도리어 인간 세상에서 벗어난 것이니라.

安 편안할 안
丶丶宀宀安安

分 나눌 분, 분수 분
丿八今分

辱 욕될 욕
一厂厂尸尽尽辰辰辱辱

機 틀 기
一十才才杉杉杉楑楑楑楑機機機

閑 한가할 한
丨冂冂冃冃門門門門門閑閑

居 살 거
フコ尸尸尼居居居

世 세상 세, 대 세
一十卄卋世

却 물리칠 각
一十上去去去却

間 사이 간
丨冂冂冃冃門門門門門間間間

56

安 分 身 無 辱 (이요)
편안할 **안** 분수 **분** 몸 **신** 없을 **무** 욕될 **욕**

知 機 心 自 閑 (이라)
알 **지** 틀 **기** 마음 **심** 스스로 **자** 한가할 **한**

雖 居 人 世 上 (이나)
비록 **수** 살 **거** 사람 **인** 세상 **세** 윗 **상**

却 是 出 人 間 (이니라)
물리칠 **각** 이 **시** 날 **출** 사람 **인** 사이 **간**

安 分 身 無 辱 이요 知 機 心 自 閑 이라

편안한 마음으로 분수를 지키면 몸에 욕됨이 없을것이요, 세상 돌아가는 기틀을 알면 마음이 절로 한가하니라.

雖 居 人 世 上 이나 却 是 出 人 間 이니라

비록 인간 세상에 살지라도 도리어 인간 세상에서 벗어난 것이니라.

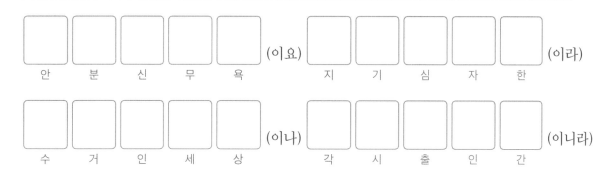

(이요)
안 분 신 무 욕

(이라)
지 기 심 자 한

(이나)
수 거 인 세 상

(이니라)
각 시 출 인 간

人_인雖_수至_지愚_우 責_책人_인則_즉明_명(하고)

雖_수有_유聰_총明_명(이나) 恕_서己_기則_즉昏_혼(이니)

이어서 ☞

사람이 비록 지극히 어리석을지라도

남을 꾸짖는 데는 밝고,

비록 총명할지라도

자기를 용서함에는 어두우니

雖 비록 수
丶 冂 冂 冃 吊 吊 吊 吊 吊 虽 虽 虽 虽 虽 虽 雖 雖 雖

愚 어리석을 우
丶 冂 冂 曰 曰 禺 禺 禺 禺 禺 愚 愚 愚

責 꾸짖을 책
一 二 丰 土 丰 青 青 青 青 責 責

聰 귀 밝을 총
一 厂 厂 厂 耳 耳 耳 耵 耵 耶 聰 聰 聰 聰 聰 聰

恕 용서할 서
乙 女 女 如 如 如 如 恕 恕 恕

昏 어두울 혼
一 匚 氏 氏 氏 昏 昏 昏

| 人 | 雖 | 至 | 愚 | (나) | 責 | 人 | 則 | 明 | (하고) |
| 사람 인 | 비록 수 | 지극할 지 | 어리석을 우 | | 꾸짖을 책 | 남 인 | 곧 즉 | 밝을 명 | |

| 雖 | 有 | 聰 | 明 | (이나) | 恕 | 己 | 則 | 昏 | (이니) |
| 비록 수 | 있을 유 | 귀 밝을 총 | 밝을 명 | | 용서할 서 | 자기 기 | 곧 즉 | 어두울 혼 | |

| 人 | 雖 | 至 | 愚 | 나 | 責 | 人 | 則 | 明 | 하고 | | | |

사람이 비록 지극히 어리석을지라도 남을 꾸짖는 데는 밝고,

| 雖 | 有 | 聰 | 明 | 이나 | 恕 | 己 | 則 | 昏 | 이니 | | | |

비록 총명할지라도 자기를 용서함에는 어두우니

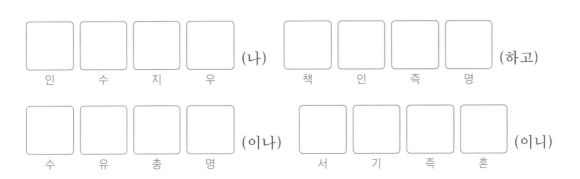

| | | | | (나) | | | | | (하고) |
| 인 | 수 | 지 | 우 | | 책 | 인 | 즉 | 명 | |

| | | | | (이나) | | | | | (이니) |
| 수 | 유 | 총 | 명 | | 서 | 기 | 즉 | 혼 | |

너희들은

다만 마땅히 남을 꾸짖는 마음으로

자기를 꾸짖고

자기를 용서하는 마음으로

남을 용서한다면,

성현의 경지에 이르지 못할까

걱정할 것이 없느니라.

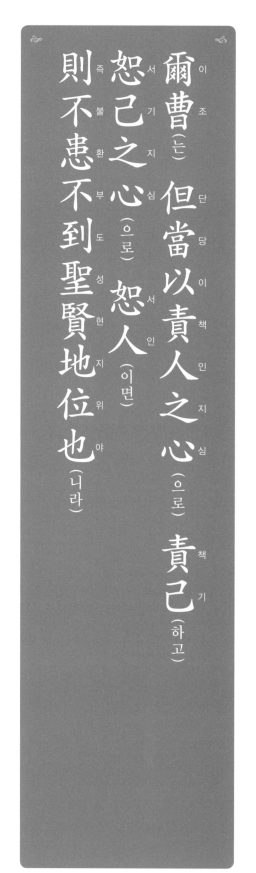

爾曹(는) 但當以責人之心(으로) 責己(하고)

恕己之心(으로) 恕人(이면)

則不患不到聖賢地位也(니라)

爾	너 이	一 一 一 一 一 一 一 爾 爾 爾 爾 爾 爾
曹	무리 조	一 一 一 一 一 一 一 曹 曹 曹 曹
當	마땅할 당	丨 丨 丬 丬 丬 丬 尚 尚 當 當 當 當
患	근심 환	一 一 一 一 一 一 一 患 患 患 患
聖	성스러울 성	一 一 一 一 一 一 一 聖 聖 聖 聖 聖
賢	어질 현	一 一 一 一 一 一 一 賢 賢 賢 賢 賢 賢
位	자리 위	丿 亻 亻 亻 亻 位 位

爾 曹 (는)
너 이　무리 조

但 當 以 責 人 之 心 (으로)
다만 단　마땅할 당　써 이　꾸짖을 책　남 인　~의 지　마음 심

責 己 (하고)
꾸짖을 책　자기 기

恕 己 之 心 (으로)　恕 人 (이면)
용서할 서　자기 기　~의 지　마음 심　　용서할 서　남 인

則 不 患 不 到 聖 賢 地 位 也 (니라)
곧 즉　아닐 불　근심 환　아닐 부　이를 도　성스러울 성　어질 현　땅 지　자리 위　어조사 야

爾 曹 는 但 當 以 責 人 之 心 으로 責 己 하고

너희들은 마땅히 남을 꾸짖는 마음으로 자기를 꾸짖고

恕 己 之 心 으로 恕 人 이면

자기를 용서하는 마음으로 남을 용서한다면,

則 不 患 不 到 聖 賢 地 位 也 니라

성현의 경지에 이르지 못할 것을 근심할 것이 없느니라.

총명하고 생각이 깊을지라도
어리석은 체하여 그것을 지키고,
공이 천하를 덮을지라도
겸양으로써 그것을 지키고,
용감함과 힘이 세상에 떨칠지라도
두려워함으로써 그것을 지키고,
부유함이 온 천하에 있을지라도
겸손으로써 그것을 지켜야 하느니라.

聰明思睿(라도)
守之以愚(하고)
功被天下(라도)
守之以讓(하고)
勇力振世(라도)
守之以怯(하고)
富有四海(라도)
守之以謙(이니라)

총명사예(라도)
수지이우(하고)
공피천하(라도)
수지이양(하고)
용력진세(라도)
수지이겁(하고)
부유사해(라도)
수지이겸(이니라)

守 지킬 수
丶丶宀宀宁守守

愚 어리석을 우
丶口曰曰曰昌禺禺禺禺愚愚愚

勇 날랠 용
ㄱㄱㄱ丙丙丙甬甬勇

讓 사양할 양
丶丶亠亍言言訁訁訡譂譂譂
譂譂譂譂讓讓讓讓讓

海 바다 해
丶丶氵氵汒汢海海海海

謙 겸손할 겸
丶丶亠亍言言訁訁訮謙謙謙謙謙謙

62

聰	明	思	睿	(라도)	守	之	以	愚	(하고)
귀 밝을 총	밝을 명	생각할 사	슬기 예		지킬 수	그것 지	써 이	어리석을 우	

功	被	天	下	(라도)	守	之	以	讓	(하고)
공 공	입을 피	하늘 천	아래 하		지킬 수	그것 지	써 이	사양할 양	

勇	力	振	世	(라도)	守	之	以	怯	(하고)
날랠 용	힘 력	떨칠 진	세상 세		지킬 수	그것 지	써 이	겁낼 겁	

富	有	四	海	(라도)	守	之	以	謙	(이니라)
부유할 부	있을 유	넉 사	바다 해		지킬 수	그것 지	써 이	겸손할 겸	

聰明思睿 라도 守之以愚 하고
총명하고 생각이 뛰어날지라도 어리석은 체하여 그것을 지키고,

功被天下 라도 守之以讓 하고
공이 천하를 덮을지라도 겸양으로써 그것을 지키고,

勇力振世 라도 守之以怯 하고
용감함과 힘이 세상에 떨칠지라도 두려워함으로써 그것을 지키고,

富有四海 라도 守之以謙 이니라
부유함이 온 천하에 있을지라도 겸손으로써 그것을 지켜야
하느니라.

施恩勿求報(하고) 與人勿追悔(하라)
시 은 물 구 보 여 인 물 추 회

懼法朝朝樂(이요) 欺公日日憂(니라)
구 법 조 조 락 기 공 일 일 우

은혜를 베풀거든
보답을 바라지 말고,
남에게 주었거든
후에 뉘우치지 말라.

법을 두려워하면
아침마다 즐거울 것이요,
공적인 일을 속이면
날마다 근심하게 되느니라.

恩	은혜 은	丨 冂 冃 因 因 因 因 恩 恩 恩
求	구할 구	一 十 寸 寸 才 求 求
報	갚을 보, 알릴 보	一 十 土 圭 寺 幸 幸 幸 郣 報 報
追	쫓을 추	′ 亠 亠 自 自 自 泊 泊 追 追
悔	뉘우칠 회	′ ′ 忄 忄 忄 忙 悔 悔 悔 悔
法	법 법	丶 丶 氵 汁 汁 法 法 法
朝	아침 조	一 十 十 古 古 吉 直 卓 剌 朝 朝 朝
樂	노래 악, 즐길 락(낙), 좋아할 요	′ 亠 台 台 泊 泊 泊 樂 樂 樂 樂 樂 樂 樂
懼	두려워할 구	′ ′ 忄 忄 忄 忄 忄 忄 忄 忄 忄 忄 懼 懼 懼 懼 懼
公	공평할 공, 공적인 것 공	′ 八 公 公
日	날 일	丨 冂 月 日
憂	근심할 우	一 丆 丆 而 而 百 百 百 直 亶 憂 憂 惪 夒 夒 憂

施恩勿求報 (하고)

베풀 시　은혜 은　말 물　구할 구　갚을 보

與人勿追悔 (하라)

줄 여　남 인　말 물　쫓을 추　뉘우칠 회

施恩勿求報 하고

은혜를 베풀거든 보답을 바라지 말고,

與人勿追悔 하라

남에게 주었거든 후에 뉘우치지 말라.

懼法朝朝樂 (이요)

두려워할 구　법 법　아침 조　아침 조　즐길 락

欺公日日憂 (니라)

속일 기　공적인 것 공　날 일　날 일　근심할 우

懼法朝朝樂 이요

법을 두려워하면 아침마다 즐거울 것이요,

欺公日日憂 니라

공적인 일을 속이면 날마다 근심하게 되느니라.

官_관行_행私_사曲_곡(이면) 失_실時_시悔_회(하고)

富_부不_불儉_검用_용(이면) 貧_빈時_시悔_회(니라)

이어서 👉

벼슬아치가 사사롭게 부정한 일을 하면

벼슬을 잃을 때 후회하고,

부유할 때 검소하게 쓰지 않으면

가난해졌을 때 후회한다.

官 벼슬 관 丶丶宀宀宀宀官官官	悔 뉘우칠 회 丶丶忄忄忄忄悔悔悔悔
曲 굽을 곡 丨冂曰由曲曲	儉 검소할 검 丿亻亻伶伶伶伶伶伶伶伶伶伶伶
失 잃을 실 丿丿二失失	用 쓸 용 丿冂月月用

官 行 私 曲 (이면)
벼슬 관　행할 행　사사 사　굽을 곡

失 時 悔 (하고)
잃을 실　때 시　뉘우칠 회

富 不 儉 用 (이면)
부유할 부　아닐 불　검소할 검　쓸 용

貧 時 悔 (니라)
가난할 빈　때 시　뉘우칠 회

官 行 私 曲 이면 失 時 悔 하고
벼슬아치가 사사롭게 부정한 일을 하면 벼슬을 잃을 때 후회하고,

富 不 儉 用 이면 貧 時 悔 니라
부유할 때 검소하게 쓰지 않으면 가난해졌을 때 후회한다.

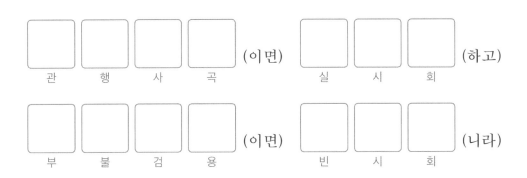

　　　　 (이면)　　　 (하고)
관　행　사　곡　　실　시　회

　　　　 (이면)　　　 (니라)
부　불　검　용　　빈　시　회

藝不少學(이면) 過時悔(하고)

見事不學(이면) 用時悔(니라)

예불소학 과시회

견사불학 용시회

재주는 젊었을 때 배우지 않으면

시기가 지나고 나서 후회하고,

일을 보고 배워 두지 않으면

필요하게 되었을 때 후회한다.

이어서 ☞

藝	재주 예	過	지날 과, 잘못 과
少	적을 소	見	볼 견
學	배울 학	事	일 사

68

藝	不	少	學 |(이면)

재주 **예** / 아닐 **불** / 적을 **소** / 배울 **학**

過	時	悔 |(하고)

지날 **과** / 때 **시** / 뉘우칠 **회**

見	事	不	學 |(이면)

볼 **견** / 일 **사** / 아닐 **불** / 배울 **학**

用	時	悔 |(니라)

쓸 **용** / 때 **시** / 뉘우칠 **회**

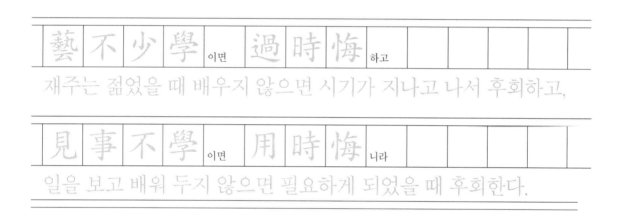

藝	不	少	學	이면	過	時	悔	하고

재주는 젊었을 때 배우지 않으면 시기가 지나고 나서 후회하고,

見	事	不	學	이면	用	時	悔	니라

일을 보고 배워 두지 않으면 필요하게 되었을 때 후회한다.

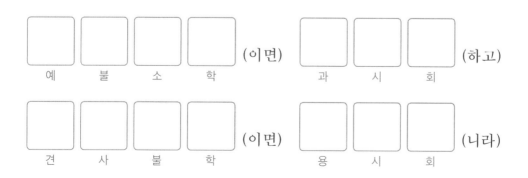

예 / 불 / 소 / 학 (이면) 과 / 시 / 회 (하고)

견 / 사 / 불 / 학 (이면) 용 / 시 / 회 (니라)

醉^취後^후狂^광言^언(이면) 醒^성時^시悔^회(하고)

安^안不^부將^장息^식(이면) 病^병時^시悔^회(니라)

술 취한 뒤에 함부로 말하면
깨고 나서 후회하고,
건강할 때 휴식을 취하지 않으면
병들었을 때 후회한다.

醉 취할 취
一 厂 厂 丙 丙 丙 酉 酉 酉 酉 酉 酉 酉 醉 醉

後 뒤 후
ノ ノ ノ ノ ノ ノ ノ ノ 後 後

狂 미칠 광
ノ ノ ノ ノ ノ ノ 狂

醒 깰 성
一 厂 厂 丙 丙 酉 酉 酉 酉 酉 酉 酉 酉 醒 醒

將 장수 장
丨 丬 丬 丬 丬 丬 丬 丬 丬 將 將

息 쉴 식
ノ ノ ノ 自 自 自 自 息 息 息

病 병 병
丶 一 广 广 广 疒 疒 病 病 病

醉	後	狂	言	(이면)	醒	時	悔	(하고)
취할 취	뒤 후	미칠 광	말씀 언		깰 성	때 시	뉘우칠 회	

安	不	將	息	(이면)	病	時	悔	(나라)
편안할 안	아닐 부	장수 장	쉴 식		병 병	때 시	뉘우칠 회	

醉	後	狂	言	이면	醒	時	悔	하고				

술 취한 뒤에 함부로 말하면 깨고 나서 후회하고,

安	不	將	息	이면	病	時	悔	나라				

건강할 때 휴식을 취하지 않으면 병들었을 때 후회한다.

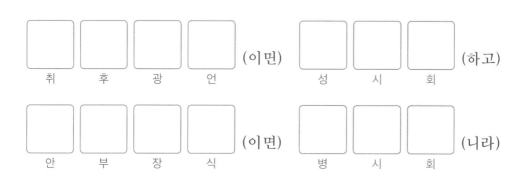

				(이면)				(하고)
취	후	광	언		성	시	회	

				(이면)				(나라)
안	부	장	식		병	시	회	

得忍且忍（이요） 得戒且戒（하라）

不忍不戒（면） 小事成大（니라）

참을 수 있으면 또 참고,
경계할 수 있으면 경계하라.
참지 않고 경계하지 않으면
조그만 일이 크게 된다.

得 얻을 득
ノ ク 彳 彳 彳 彳 彳 彳 得 得 得

忍 참을 인
フ フ刀 汈 刃 忍 忍 忍

戒 경계할 계
一 二 三 开 戒 戒 戒

事 일 사
一 一 一 一 一 一 一 事 事

成 이룰 성
ノ 厂 厂 厅 成 成 成

大 클 대, 큰 대
一 ナ 大

得 忍 且 忍 (이요) 　得 戒 且 戒 (하라)
얻을 득　참을 인　또 차　참을 인　　　얻을 득　경계할 계　또 차　경계할 계

不 忍 不 戒 (면) 　小 事 成 大 (나라)
아닐 불　참을 인　아닐 불　경계할 계　　작을 소　일 사　이룰 성　클 대

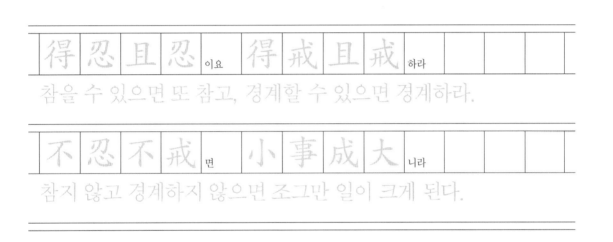

참을 수 있으면 또 참고, 경계할 수 있으면 경계하라.

참지 않고 경계하지 않으면 조그만 일이 크게 된다.

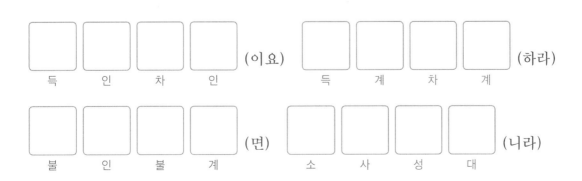

(이요) 　(하라)
득　인　차　인　　득　계　차　계

(면) 　(니라)
불　인　불　계　　소　사　성　대

자기를 굽힐 줄 아는 사람은
중요한 위치에 있을 수 있고,
이기기를 좋아하는 사람은
반드시 적을 만나게 된다.
모든 일에 인정을 남겨 두면,
나중에 좋은 얼굴로 서로 보게 된다.

屈己者(는) 能處重(하고) 好勝者(는) 必遇敵(이니라)
凡事(에) 留人情(이면) 後來(에) 好相見(이니라)

屈 굽힐 굴
　　コ ㄱ 尸 尺 屈 屈 屈 屈

者 놈 자
　　一 十 土 耂 耂 者 者 者 者

能 능할 능
　　ㅅ ㅅ ㅕ 育 育 育 育 能 能 能

重 무거울 중, 중요할 중
　　ㅅ 二 亐 亐 亩 亩 亘 重 重

好 좋을 호
　　ㄴ ㄩ 女 如 好 好

勝 이길 승
　　丿 刀 月 月 月 胪 胪 胖 胖 胖 勝 勝

情 뜻 정
　　丶 丶 忄 忄 忄 忄 怍 情 情 情

後 뒤 후
　　丿 丿 彳 纩 纩 徉 徉 徉 後 後

74

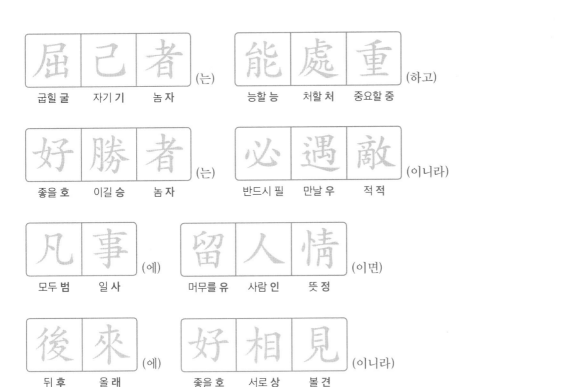

屈己者(는) 能處重(하고)
굽힐 굴 / 자기 기 / 놈 자 　 능할 능 / 처할 처 / 중요할 중

好勝者(는) 必遇敵(이니라)
좋을 호 / 이길 승 / 놈 자 　 반드시 필 / 만날 우 / 적 적

凡事(에) 留人情(이면)
모두 범 / 일 사 　 머무를 유 / 사람 인 / 뜻 정

後來(에) 好相見(이니라)
뒤 후 / 올 래 　 좋을 호 / 서로 상 / 볼 견

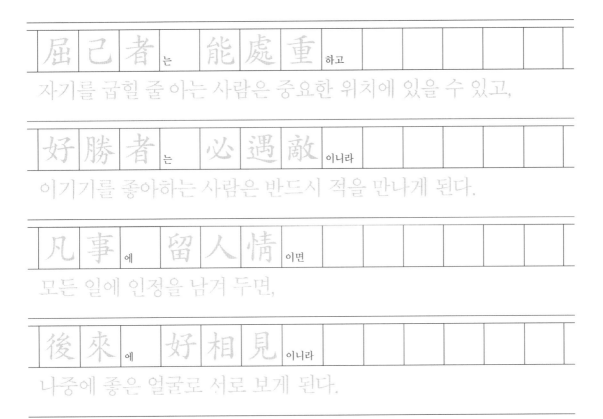

屈己者는 能處重하고
자기를 굽힐 줄 아는 사람은 중요한 위치에 있을 수 있고,

好勝者는 必遇敵이니라
이기기를 좋아하는 사람은 반드시 적을 만나게 된다.

凡事에 留人情이면
모든 일에 인정을 남겨 두면,

後來에 好相見이니라
나중에 좋은 얼굴로 서로 보게 된다.

惡人(이) 罵善人(하거든) 善人(은) 摠不對(라)
不對心淸閑(이요) 罵者(는) 口熱沸(니라)
正如人唾天(하여) 還從己身墜(니라)

나쁜 사람이 착한 사람을 꾸짖거든

착한 사람은 전연 상대하지 않는다.

상대하지 않으면 마음이 맑고 한가로울 것이요,

꾸짖는 자는 입이 뜨겁게 끓어오를 것이다.

꼭 마치 사람이 하늘에 침을 뱉는 것과 같아

도로와 자기 몸에 떨어진다.

惡 악할 악, 미워할 오
一 丆 丏 亞 亞 亞 亞 惡 惡 惡

罵 꾸짖을 매
丶 冖 罒 罒 罒 罒 罵 罵 罵 罵

善 착할 선
丶 丷 丫 半 羊 羊 盖 善 善 善

淸 맑을 청
丶 氵 氵 汫 淸 淸 淸 淸

如 같을 여
乚 夂 女 如 如 如

還 돌아올 환
丶 罒 罒 罒 罒 罒 景 景 景 景 還 還 還

墜 떨어질 추
阝 阝 阝 阡 阡 隊 隊 墜

76

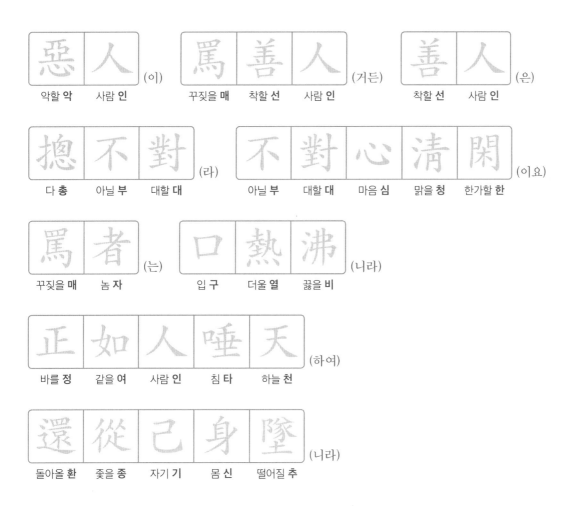

惡人 이 罵善人 거든 善人 은 摠不對 라

나쁜 사람이 착한 사람을 꾸짖거든 착한 사람은 조금도 상대하지 않는다.

不對心淸閑 이요 罵者 는 口熱沸 니라

상대하지 않으면 마음이 맑고 한가로울 것이요, 꾸짖는 자는 입이 뜨겁게 끓어오를 것이다.

正如人唾天 하여 還從己身墜 니라

꼭 마치 사람이 하늘에 침을 뱉는 것과 같아 도로 와 자기 몸에 떨어진다.

하늘에 침을 뱉으면 내 몸에 떨어진다

人之不學(은) 如登天而無術(하고)

學而智遠(이면) 如披祥雲而觀靑天(하고)

登高山而望四海(나라)

사람이 배우지 않는 것은

하늘에 오르려 하나

아무 재주가 없는 것과 같고,

배워서 지혜가 원대해지면

상서로운 구름을 헤치고 푸른 하늘을 보고

높은 산에 올라

온 세상을 내려다보는 것과 같다.

登	오를 등
無	없을 무
術	재주 술
遠	멀 원
觀	볼 도
靑	푸를 청
高	높을 고
望	바랄 망
海	바다 해

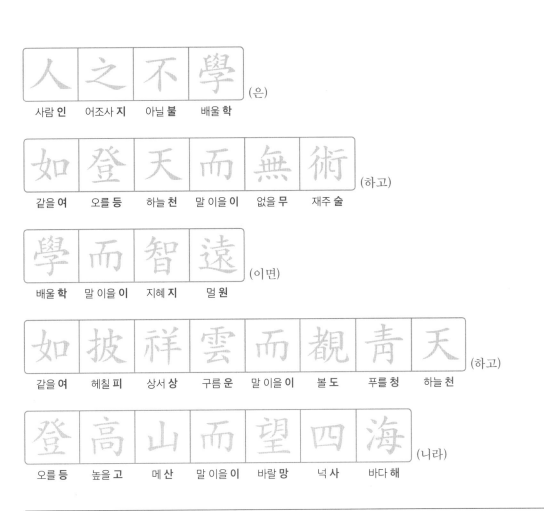

| 人 | 之 | 不 | 學 | (은) |
| 사람 인 | 어조사 지 | 아닐 불 | 배울 학 | |

| 如 | 登 | 天 | 而 | 無 | 術 | (하고) |
| 같을 여 | 오를 등 | 하늘 천 | 말 이을 이 | 없을 무 | 재주 술 | |

| 學 | 而 | 智 | 遠 | (이면) |
| 배울 학 | 말 이을 이 | 지혜 지 | 멀 원 | |

| 如 | 披 | 祥 | 雲 | 而 | 觀 | 靑 | 天 | (하고) |
| 같을 여 | 헤칠 피 | 상서 상 | 구름 운 | 말 이을 이 | 볼 도 | 푸를 청 | 하늘 천 | |

| 登 | 高 | 山 | 而 | 望 | 四 | 海 | (니라) |
| 오를 등 | 높을 고 | 메 산 | 말 이을 이 | 바랄 망 | 넉 사 | 바다 해 | |

人之不學은 如登天而無術하고

사람이 배우지 않는 것은 하늘에 오르러 하나 아무 재주가 없는 것과 같고,

學而智遠이면 如披祥雲而觀靑天하고

배워서 지혜가 원대해지면 상서로운 구름을 헤치고 푸른 하늘을 보고

登高山而望四海니라

높은 산에 올라 온 세상을 내려다보는 것과 같다.

옥은 다듬지 않으면 그릇이 되지 못하고,
사람은 배우지 않으면 의를 알지 못한다.
배움은 해도 해도 끝이 없는 것처럼 하고,
오직 배운 것을 잃을까 두려워하라.

玉不琢(이면) 不成器(하고) 人不學(이면) 不知義(니라)

學如不及(이고) 惟恐失之(니라)

옥 불 탁 / 불 성 기 / 인 불 학 / 부 지 의
학 여 불 급 / 유 공 실 지

玉	구슬 옥	一 二 干 王 玉
琢	다듬을 탁	一 二 千 王 王 玗 玗 玗 玙 琢 琢 琢
成	이룰 성	） 厂 厂 万 成 成 成
器	그릇 기	丶 口 吅 吅 吅 哭 哭 哭 器 器 器 器
義	옳을 의	丶 丷 丷 美 美 差 羊 義 義 義
及	미칠 급	ノ 乃 及
惟	생각할 유	丶 忄 忄 忄 忙 忙 忙 惟 惟
恐	두려울 공	一 工 丮 丮 巩 巩 巩 恐 恐 恐

玉	不	琢	(이면)	不	成	器	(하고)
---	---	---		---	---	---	
구슬 옥	아닐 불	다듬을 탁		아닐 불	이룰 성	그릇 기	

人	不	學	(이면)	不	知	義	(니라)
---	---	---		---	---	---	
사람 인	아닐 불	배울 학		아닐 부	알 지	옳을 의	

學	如	不	及	(이고)	惟	恐	失	之	(니라)
---	---	---	---		---	---	---	---	
배울 학	같을 여	아닐 불	미칠 급		생각할 유	두려울 공	잃을 실	그것 지	

玉 不 琢 이면 不 成 器 하고

옥은 다듬지 않으면 그릇이 되지 못하고,

人 不 學 이면 不 知 義 니라

사람은 배우지 않으면 의를 알지 못한다.

學 生 不 學 이고 惟 恐 失 之 니라

배움은 해도 해도 끝이 없는 것처럼 하고, 오직 배운 것을 잃을까 두려워하라.

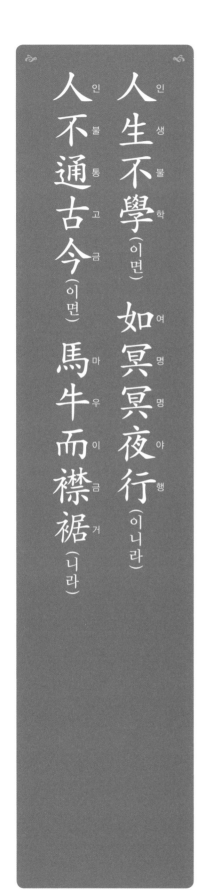

人生不學_(이면) 如冥冥夜行_(이니라)

人不通古今_(이면) 馬牛而襟裾_(니라)

사람이 태어나 배우지 않으면,
어둡고 어두운 밤에 다니는 것과 같다.

사람이 옛날과 지금의 일을 통달하지 못하면,
말과 소에 옷을 입힌 것과 같다.

學	배울 학	' ' ' ' ' ' ' ' ' ' ' ' 與 學 學
如	같을 여	く 女 女 如 如 如
冥	어두울 명	' 冖 冖 冝 冝 冝 冝 冥 冥
夜	밤 야	' 亠 广 广 疒 夜 夜 夜
通	통할 통	マ マ ア 丹 丹 甬 甬 涌 涌 通
馬	말 마	l 厂 厂 丐 馬 馬 馬 馬 馬
襟	옷깃 금	` ラ ネ ネ ネ 初 衿 衿 衿 袢 裣 裣 襟 襟 襟 襟
裾	자락 거	` ラ ネ ネ ネ ネ 初 祀 祀 裙 裙 裾 裾

82

人 生 不 學 (이면)
사람 **인**　날 **생**　아닐 **불**　배울 **학**

如 冥 冥 夜 行 (이니라)
같을 **여**　어두울 **명**　어두울 **명**　밤 **야**　다닐 **행**

人 不 通 古 今 (이면)
사람 **인**　아닐 **불**　통할 **통**　옛 **고**　이제 **금**

馬 牛 而 襟 裾 (니라)
말 **마**　소 **우**　말 이을 **이**　옷깃 **금**　자락 **거**

人 生 不 學 이면 如 冥 冥 夜 行 이니라

사람이 태어나 배우지 않으면 어둡고 어두운 밤에 다니는 것과 같다.

人 不 通 古 今 이면 馬 牛 而 襟 裾 니라

사람이 옛날과 지금의 일을 통달하지 못하면 말과 소에 옷을 입힌 것과 같다.

事_사雖_수小_소(나) 不_부作_작不_불成_성(이요)

子_자雖_수賢_현(이나) 不_불教_교不_불明_명(이니라)

일이 비록 작더라도

하지 않으면 이룰 수 없을 것이요,

자식이 비록 어질더라도

가르치지 않으면 똑똑하지 못하다.

事	일 사	一 一 一 一 写 写 写 事
小	작을 소	亅 小 小
作	지을 작	丿 亻 亻 仁 仁 作 作
成	이룰 성	丿 厂 厂 厉 成 成 成
賢	어질 현	一 丆 丆 丐 丐 臣 臣 臤 臤 臤 臤 臤 賢 賢
教	가르칠 교	丿 乂 子 差 差 孝 孝 孝 教 教 教

事	雖	小	(나)	不	作	不	成	(이요)
일 사	비록 수	작을 소		아닐 부	지을 작	아닐 불	이룰 성	

子	雖	賢	(이나)	不	敎	不	明	(이니라)
자식 자	비록 수	어질 현		아닐 불	가르칠 교	아닐 불	밝을 명	

事 雖 小 나　不 作 不 成 이요

일이 비록 작더라도 하지 않으면 이룰 수 없을 것이요,

子 雖 賢 이나　不 敎 不 明 이니라

자식이 비록 어질더라도 가르치지 않으면 똑똑하지 못하다.

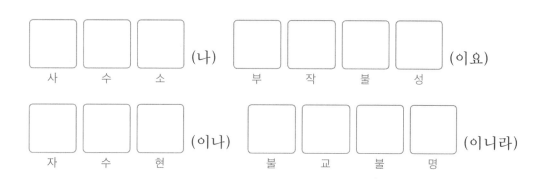

			(나)					(이요)
사	수	소		부	작	불	성	

			(이나)					(이니라)
자	수	현		불	교	불	명	

황금이 상자에 가득 찬 것이

자식에게 경서(經書) 한 권을

가르쳐 주는 것만 못하고,

자식에게 천금을 물려 주는 것이

그에게 한 가지 재주를

가르쳐 주는 것만 못하다.

黃金萬籝(이) 不如教子一經(이요)
황 금 만 영　　불 여 교 자 일 경

賜子千金(이) 不如教子一藝(니라)
사 자 천 금　　불 여 교 자 일 예

黃	누를 황 一 十 土 土 丼 丼 丼 苦 黄 黄 黄 黄
金	쇠 금, 금 금, 돈 금, 성씨 김 丿 人 ㅅ 仌 今 全 全 金 金
萬	일 만 만 一 十 丗 丗 丗 芦 芦 苫 苫 苫 萬 萬 萬
如	같을 여 ㄥ 女 女 如 如 如
教	가르칠 교 丿 乂 子 尹 孝 孝 考 教 教 教 教
經	지날 경, 글 경 ㄥ 幺 幺 糸 糸 糸 紅 紅 經 經 經 經 經
千	일천 천 ノ 二 千

黃金萬籯(이)
누를 **황**　　금 **금**　　일만 **만**　　광주리 **영**

不如敎子一經(이요)
아닐 **불**　　같을 **여**　　가르칠 **교**　　자식 **자**　　한 **일**　　글 **경**

賜子千金(이)
줄 **사**　　자식 **자**　　일천 **천**　　돈 **금**

不如敎子一藝(니라)
아닐 **불**　　같을 **여**　　가르칠 **교**　　자식 **자**　　한 **일**　　재주 **예**

黃金萬籯이 不如敎子一經이요

황금이 상자에 가득 찬 것이 자식에게 경서(經書) 한 권을
가르쳐 주는 것만 못하고,

賜子千金이 不如敎子一藝니라

자식에게 천금을 물려주는 것이 그에게 한 가지 재주를 가르쳐
주는 것만 못하다.

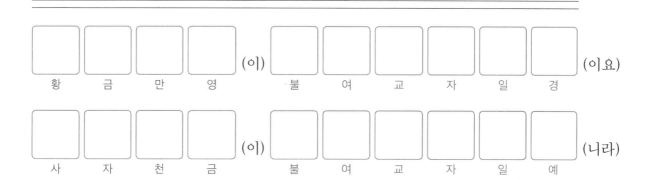

(이)　　　　　　　(이요)
황　금　만　영　불　여　교　자　일　경

(이)　　　　　　　(니라)
사　자　천　금　불　여　교　자　일　예

87

지극한 즐거움은 책 읽는 것만 한 것이 없고,

지극히 필요한 것은

자식을 가르치는 것만 한 것이 없다.

남자가 가르침을 받지 못하면

자라서 반드시 완고하고 어리석어지며,

여자가 가르침을 받지 못하면

자라서 반드시 거칠고 꼼꼼하지 못하게 된다.

至樂(은) 莫如讀書(요) 至要(는) 莫如敎子(니라)

男子失敎(면) 長必頑愚(이며) 女子失敎(면) 長必麤疎(니라)

莫 없을 막
讀 읽을 독
書 글 서
要 요긴할 요
頑 완고할 완
麤 거칠 추
疎 성길 소

至 樂 (은)
지극할 지　즐길 락

莫 如 讀 書 (요)
없을 막　같을 여　읽을 독　글 서

至 要 (는)
지극할 지　요긴할 요

莫 如 敎 子 (니라)
없을 막　같을 여　가르칠 교　자식 자

男 子 失 敎 (니라)
사내 남　아들 자　잃을 실　가르칠 교

長 必 頑 愚 (니라)
자랄 장　반드시 필　완고할 완　어리석을 우

女 子 失 敎 (니라)
여자 여　자식 자　잃을 실　가르칠 교

長 必 麤 疎 (니라)
자랄 장　반드시 필　거칠 추　성길 소

至 樂 은　莫 如 讀 書 요

지극한 즐거움은 책 읽는 것만 한 것이 없고,

至 要 는　莫 如 敎 子 니라

지극히 필요한 것은 자식을 가르치는 것만 한 것이 없다.

男 子 失 敎 이면　長 必 頑 愚 이며

남자가 가르침을 받지 못하면 자라서 반드시 완고하고
어리석어지며,

女 子 失 敎 이면　長 必 麤 疎 니라

여자가 가르침을 받지 못하면 자라서 반드시 거칠고 꼼꼼하지
못하게 된다.

明鏡(은) 所以察形(이요) 往古(는) 所以知今(이니라)
명경   소이찰형   왕고   소이지금

過去事(는) 明如鏡(이요) 未來事(는) 暗似漆(이니라)
과거사   명여경   미래사   암사칠

밝은 거울은 모습을 살피는 것이요,

지나간 일은 지금을 알게 하는 것이다.

지나간 일은 거울과 같이 밝고,

미래의 일은 칠흑과 같이 어둡다.

所	바 소 ´ ᅳ ᅩ 手 所 所 所 所
形	모양 형 ᅳ 二 子 开 开 形 形
往	갈 왕 ´ ᅥ 彳 彳 往 往 往 往
今	이제 금 丿 人 人 今
知	알 지 丿 ᅩ ᅳ 午 矢 知 知 知
去	갈 거 ᅳ 十 土 去 去
未	아닐 미 ᅳ 二 丰 未 未
似	닮을 사 丿 亻 亻 化 化 似 似
漆	옻 칠 ` ` ` ` ᅨ ᅨ 沐 沐 泳 泳 漆 漆 漆 漆 漆

明 鏡 (은)
밝을 명　거울 경

所 以 察 形 (이요)
바 소　써 이　살필 찰　모양 형

往 古 (는)
갈 왕　옛 고

所 以 知 今 (이니라)
바 소　써 이　알 지　이제 금

過 去 事 (는)
지날 과　갈 거　일 사

明 如 鏡 (이요)
밝을 명　같을 여　거울 경

未 來 事 (는)
아닐 미　올 래　일 사

暗 似 漆 (이니라)
어두울 암　닮을 사　옷 칠

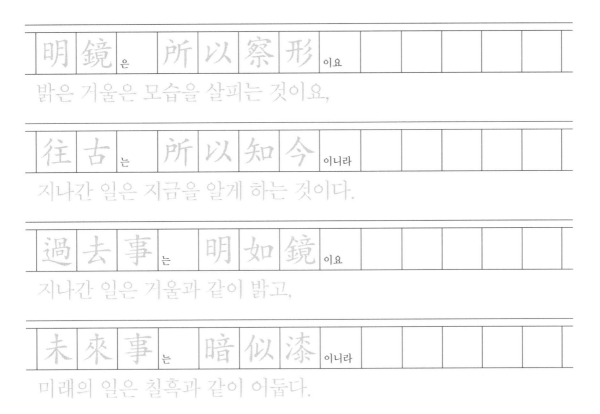

明 鏡 은　所 以 察 形 이요
밝은 거울은 모습을 살피는 것이요,

往 古 는　所 以 知 今 이니라
지나간 일은 지금을 알게 하는 것이다.

過 去 事 는　明 如 鏡 이요
지나간 일은 거울과 같이 밝고,

未 來 事 는　暗 似 漆 이니라
미래의 일은 칠흑과 같이 어둡다.

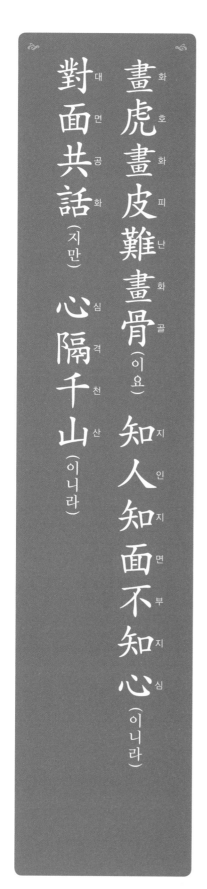

畫虎畫皮難畫骨(이요) 知人知面不知心(이니라)

對面共話(지만) 心隔千山(이니라)

(화호화피난화골 지인지면부지심)

(대면공화 심격천산)

호랑이를 그리되 가죽은 그려도 뼈는 그리기 어렵고,
사람을 알되 얼굴은 알아도 마음은 알지 못한다.
얼굴을 마주보고 서로 말하지만,
마음은 수많은 산 만큼이나 떨어져 있다.

畫 그림 화, 그을 획
一ㅋㅋ⺻聿書書書書書畫畫

虎 범 호
ㅣㅏㅕㄏ虍虍虎虎

皮 가죽 피
ㄱㄏ广皮皮

骨 뼈 골
ㅣㄇㅁ呂呂骨骨骨骨

面 낯 면
一一厂厂而而面面面

隔 사이 뜰 격
ㄱㄋ阝阝阡阡隔隔隔隔隔隔

畫 虎 畫 皮 難 畫 骨 (이요)
그림 화 / 범 호 / 그림 화 / 가죽 피 / 어려울 난 / 그림 화 / 뼈 골

知 人 知 面 不 知 心 (이니라)
알 지 / 사람 인 / 알 지 / 낯 면 / 아닐 부 / 알 지 / 마음 심

對 面 共 話 (지만)
대할 대 / 낯 면 / 함께 공 / 말씀 화

心 隔 千 山 (이니라)
마음 심 / 사이 뜰 격 / 일천 천 / 메 산

畫 虎 畫 皮 難 畫 骨 이요
호랑이를 그리되 가죽은 그려도 뼈는 그리기 어렵고,

知 人 知 面 不 知 心 이니라
사람을 알되 얼굴은 알아도 마음은 알지 못한다.

對 面 共 話 지만 心 隔 千 山 이니라
얼굴을 마주보고 서로 말하지만 마음은 수많은 산 만큼이나
떨어져 있다.

海枯終見底(나) 人死不知心(이니라)
해고종견저 인사부지심

凡人不可逆相(이요) 海水不可斗量(이니라)
범인불가역상 해수불가두량

바다는 마르면 마침내 밑바닥을 볼 수 있으나,

사람은 죽어도 그 마음을 알 수 없다.

무릇 사람은 모습으로 판단할 수 없고,

바닷물은 됫박으로 잴 수 없다.

海	바다 해 丶丶氵氵汇沂海海海海
枯	마를 고 一十才木杧杧杜枯枯
終	마칠 종 ㄑㄠㄠㄠ糸糸紣紣終終終
底	밑 저 丶一广广庐底底底
逆	거스를 역 丶丷屰屰屰逆逆逆逆
相	서로 상 一十才木相相相相相
斗	말 두 丶丶二斗
量	헤아릴 량(양) 丶口曰曰昌昌量量量量量量

海 枯 終 見 底 나
바다 해 마를 고 마칠 종 볼 견 밑 저

人 死 不 知 心 이니라
사람 인 죽을 사 아닐 불 알 지 마음 심

凡 人 不 可 逆 相 이요
무릇 범 사람 인 아닐 불 할 수 있을 가 거스를 역 모양 상

海 水 不 可 斗 量 이니라
바다 해 물 수 아닐 불 할 수 있을 가 말 두 헤아릴 량

海 枯 終 見 底 나 人 死 不 知 心 이니라

바다는 마르면 마침내 밑바닥을 볼 수 있으나, 사람은 죽어도
그 마음을 알 수 없다.

凡 人 不 可 逆 相 이요

무릇 사람은 모습으로 판단할 수 없고,

海 水 不 可 斗 量 이니라

바닷물은 됫박으로 잴 수 없다.

天不生無祿之人(하고) 地不長無名之草(니라)
大富(는) 由天(하고) 小富(는) 由勤(이니라)

천불생무록지인 지부장무명지초
대부 유천 소부 유근

하늘은 녹이 없는 사람을 내지 않고,
땅은 이름 없는 풀을 자라게 하지 않는다.

큰 부자는 하늘에서 나오고,
작은 부자는 부지런함에서 나온다.

富	부유할 부 `、丶宀宀宀宀宫宫宫富富`
由	말미암을 유 `丨冂日由由`
勤	부지런할 근 `一十艹艹艹芑芑芑堇堇堇勤勤`
祿	녹 록(녹) `一二千千禾禾和衤衤衤衤衤祿`
地	땅 지 `一十土圳地地`
草	풀 초 `一十十艹芦芦芦苩草草`

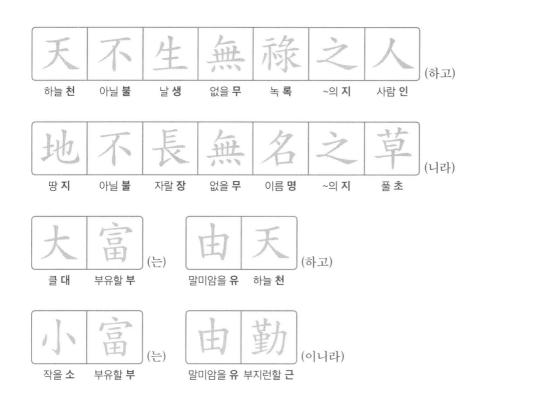

讀書(는) 起家之本(이요) 循理(는) 保家之本(이요)
勤儉(은) 治家之本(이요) 和順(은) 齊家之本(이니라)

글을 읽는 것은
집안을 일으키는 근본이요,
이치를 따르는 것은
집안을 보전하는 근본이요,
부지런하고 검소한 것은
집안을 다스리는 근본이요,
화목하고 순종하는 것은
집안을 가지런히 하는 근본이다.

讀 읽을 독
`丶 亠 言 言 言 言 計 計 計 計 計 計 讀 讀 讀 讀 讀 讀`

書 글 서
`フ フ ユ ヨ 聿 聿 書 書 書 書`

起 일어날 기
`一 十 土 キ キ 丰 丰 走 起 起 起`

家 집 가
`丶 宀 宀 宁 宁 宇 宇 宇 家 家`

勤 부지런할 근
`一 十 艹 艹 世 艾 苦 苔 芦 芦 董 董 勤 勤`

治 다스릴 치
`丶 丶 氵 氵 沪 治 治 治`

和 화할 화
`丿 二 千 禾 禾 禾 和 和`

順 순할 순, 따를 순
`丿 丿 川 川 川 师 师 順 順 順 順 順`

98

讀書는 起家之本이요
글을 읽는 것은 집안을 일으키는 근본이요,

循理는 保家之本이요
이치를 따르는 것은 집안을 보전하는 근본이요,

勤儉은 治家之本이요
부지런하고 검소한 것은 집안을 다스리는 근본이요,

和順은 齊家之本이니라
화목하고 순종하는 것은 집안을 가지런히 하는 근본이다.

일생의 계획은 어릴 때에 있고,
일년의 계획은 봄에 있고,
하루의 계획은 새벽에 있으니,

一^일生^생之^지計^계(는) 在^재於^어幼^유(하고)
一^일年^년之^지計^계(는) 在^재於^어春^춘(하고)
一^일日^일之^지計^계(는) 在^재於^어寅^인(이니)

이어서 👉

生	날 생, 살 생 丿 ㇒ ㇏ 牛 生
計	셀 계, 꾀 계 丶 ㇐ ㇕ 言 言 計
在	있을 재 一 ㇒ 才 在 在 在
幼	어릴 유 幺 幼
年	해 년(연) 丿 ㇒ 年
春	봄 춘 一 二 三 夫 夫 春 春 春
寅	범 인, 셋째 지지 인 丶 宀 宀 宇 宇 宙 寅 寅 寅

一生之計 (는) 在於幼 (하고)
한일 살생 ~의지 꾀계 / 있을재 어조사어 어릴유

一年之計 (는) 在於春 (하고)
한일 해년 ~의지 꾀계 / 있을재 어조사어 봄춘

一日之計 (는) 在於寅 (이니)
한일 날일 ~의지 꾀계 / 있을재 어조사어 셋째지지인

一生之計는 在於幼하고

일생의 계획은 어릴 때에 있고,

一年之計는 在於春하고

일 년의 계획은 봄에 있고,

一日之計는 在於寅이니

하루의 계획은 새벽에 있으니,

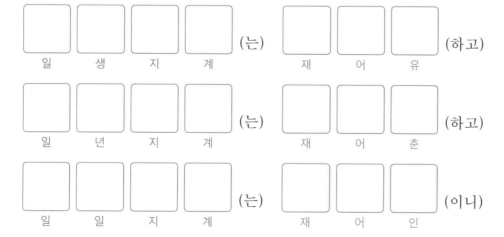

일 생 지 계 (는) 재 어 유 (하고)

일 년 지 계 (는) 재 어 춘 (하고)

일 일 지 계 (는) 재 어 인 (이니)

幼而不學^{유이불학}(이면) 老無所知^{노무소지}(요)

春若不耕^{춘약불경}(이면) 秋無所望^{추무소망}(이요)

寅若不起^{인약불기}(면) 日無所辦^{일무소판}(이니라)

어려서 배우지 않으면 늙어서 아는 것이 없을 것이요,

봄에 밭을 갈지 않으면 가을에 바랄 것이 없을 것이요,

새벽에 일어나지 않으면 그날의 할 일이 없다.

學	배울 학
	` ` ` ` ` ` ` 臼 臼 臼 臼 與 與 學 學

老	늙을 로(노)
	一 十 土 耂 老 老

無	없을 무
	ノ 二 仁 午 缶 缶 無 無 無 無 無

春	봄 춘
	一 二 三 声 夫 来 春 春 春

若	같을 약
	一 十 廾 艹 若 若 若 若

耕	밭 갈 경
	一 二 三 丰 丰 丰 耒 耒 耕 耕

望	바랄 망
	丶 亠 亡 妇 妇 胡 望 望 望

起	일어날 기
	一 十 土 キ キ 走 走 起 起 起

| 幼 | 而 | 不 | 學 | (이면) | 老 | 無 | 所 | 知 | (요) |
| 어릴 유 | 말 이을 이 | 아닐 불 | 배울 학 | | 늙을 노 | 없을 무 | 바 소 | 알 지 | |

| 春 | 若 | 不 | 耕 | (이면) | 秋 | 無 | 所 | 望 | (이요) |
| 봄 춘 | 같을 약 | 아닐 불 | 밭 갈 경 | | 가을 추 | 없을 무 | 바 소 | 바랄 망 | |

| 寅 | 若 | 不 | 起 | (면) | 日 | 無 | 所 | 辦 | (이니라) |
| 셋째 지지 인 | 같을 약 | 아닐 불 | 일어날 기 | | 날 일 | 없을 무 | 바 소 | 힘들일 판 | |

幼 而 不 學 이면 老 無 所 知 요

어려서 배우지 않으면 늙어서 아는 것이 없을 것이요,

春 若 不 耕 이면 秋 無 所 望 이요

봄에 밭을 갈지 않으면 가을에 바랄 것이 없을 것이요,

寅 若 不 起 면 日 無 所 辦 이니라

새벽에 일어나지 않으면 그날의 할 일이 없다.

| | | | | (이면) | | | | | (요) |
| 유 | 이 | 불 | 학 | | 노 | 무 | 소 | 지 | |

| | | | | (이면) | | | | | (이요) |
| 춘 | 약 | 불 | 경 | | 추 | 무 | 소 | 망 | |

| | | | | (면) | | | | | (이니라) |
| 인 | 약 | 불 | 기 | | 일 | 무 | 소 | 판 | |

五教之目(은) 父子有親(하며) 君臣有義(하며)
夫婦有別(하며) 長幼有序(하며) 朋友有信(이니라)

오교지목 부자유친 군신유의
부부유별 장유유서 붕우유신

다섯 가지 가르침의 조목은

아버지와 자식 사이에는 친함이 있어야 하고,

임금과 신하 사이에는 의리가 있어야 하고,

남편과 아내 사이에는 구별이 있어야 하고,

어른과 아이 사이에는 차례가 있어야 하고,

친구 사이에는 믿음이 있어야 하는 것이다.

| 君 | 임금 군, 그대 군 |
| | フ コ ヨ 尹 尹 君 君 |

| 臣 | 신하 신 |
| | 一 丁 互 戸 臣 臣 |

| 婦 | 며느리 부, 아내 부 |
| | く 女 女 女 妒 妒 妒 婦 婦 婦 婦 |

| 幼 | 어릴 유 |
| | 乙 幺 幺 幻 幼 |

| 序 | 차례 서 |
| | 丶 一 广 广 庐 庐 庐 序 |

| 朋 | 벗 붕 |
| | 丿 月 月 月 朋 朋 朋 朋 |

五	教	之	目	(은)
다섯 오	가르칠 교	~의 지	조목 목	

父	子	有	親	(하며)
아비 부	아들 자	있을 유	친할 친	

君	臣	有	義	(하며)
임금 군	신하 신	있을 유	옳을 의	

夫	婦	有	別	(하며)
지아비 부	아내 부	있을 유	나눌 별	

長	幼	有	序	(하며)
어른 장	어릴 유	있을 유	차례 서	

朋	友	有	信	(이니라)
벗 붕	벗 우	있을 유	믿을 신	

사람이 지켜야 할 5가지 덕목

五教之目은 父子有親하며

다섯 가지 가르침의 조목은
아버지와 자식 사이에는 친함이 있어야 하고,

君臣有義하며 夫婦有別하며

임금과 신하 사이에는 의리가 있어야 하고,
남편과 아내 사이에는 구별이 있어야 하고,

長幼有序하며 朋友有信이니라

어른과 아이 사이에는 차례가 있어야 하고,
친구 사이에는 믿음이 있어야 하는 것이다.

말은 반드시 충실하고 믿음이 있어야 하며,

행실은 반드시 착실하고 공손해야 하며,

음식은 반드시 삼가고 절제해야 하며,

글씨는 반드시 바르고 정확하게 써야 하며,

용모는 반드시 단정해야 하며,

옷매무새는 반드시 가지런하고 엄숙하게 하며,

凡語(범어) 必忠信(필충신)(하며) 凡行(범행) 必篤敬(필독경)(하며)

飲食(음식) 必愼節(필신절)(하며) 字劃(자획) 必楷正(필해정)(하며)

容貌(용모) 必端莊(필단장)(하며) 衣冠(의관) 必整肅(필정숙)(하며)

이어서

篤 도타울 독
愼 삼갈 신
節 마디 절
劃 그을 획
楷 본보기 해
貌 모양 모
端 끝 단, 바를 단
整 가지런할 정
肅 엄숙할 숙

| 凡 | 語 | | 必 | 忠 | 信 | (하며) |
| 무릇 범 | 말씀 어 | | 반드시 필 | 충성 충 | 믿을 신 | |

| 凡 | 行 | | 必 | 篤 | 敬 | (하며) |
| 무릇 범 | 행할 행 | | 반드시 필 | 도타울 독 | 공경할 경 | |

| 飮 | 食 | | 必 | 愼 | 節 | (하며) |
| 마실 음 | 먹을 식 | | 반드시 필 | 삼갈 신 | 마디 절 | |

| 字 | 劃 | | 必 | 楷 | 正 | (하며) |
| 글자 자 | 그을 획 | | 반드시 필 | 본보기 해 | 바를 정 | |

| 容 | 貌 | | 必 | 端 | 莊 | (하며) |
| 얼굴 용 | 모양 모 | | 반드시 필 | 바를 단 | 씩씩할 장 | |

| 衣 | 冠 | | 必 | 整 | 肅 | (하며) |
| 옷 의 | 갓 관 | | 반드시 필 | 가지런할 정 | 엄숙할 숙 | |

凡 語 必 忠 信 하며 凡 行 必 篤 敬 하며

말은 반드시 충실하고 믿음이 있어야 하며,
행실은 반드시 착실하고 공손해야 하며,

飮 食 必 愼 節 하며 字 劃 必 楷 正 하며

음식은 반드시 삼가고 절제해야 하며,
글씨는 반드시 바르고 정확하게 써야 하며,

容 貌 必 端 莊 하며 衣 冠 必 整 肅 하며

용모는 반드시 단정해야 하며,
옷매무새는 반드시 가지런하고 엄숙하게 하며,

步履必安詳(하며) 居處必正靜(하며)
보리필안상 거처필정정

作事必謀始(하며) 出言必顧行(하며)
작사필모시 출언필고행

이어서 👉

걸음걸이는 반드시 편안하고 찬찬하게 하며,

거처는 반드시 바르고 조용하게 하며,

일하는 것은 반드시 계획을 세워 하며,

말을 입 밖에 낼 적에는

반드시 실천을 고려해야 하며,

履 밟을 리(이)
ㄱ ㄱ ㄹ ㄹ ㄹ ㄹ ㄹ 尼 屉 屦 屦 屦 屦 履

詳 자세할 상
、 ㅗ ㅗ ㅢ ㅢ 言 言 訁 詳 詳 詳 詳

處 곳 처
ㅣ ㅏ ㅗ 广 戶 虍 虎 虏 虏 虔 處 處

靜 고요할 정
一 二 キ 主 丰 青 青 青 青 靑 靑 靜 靜 靜 靜

謀 꾀 모
、 ㅗ ㅗ ㅢ ㅢ 言 言 訁 訓 詩 詩 詳 謀 謀

顧 돌아볼 고
、 ㄱ ㄹ 厃 庐 庐 庐 雇 雇 雇 雇 雇 顧 顧
顧 顧 顧 顧

步	履
걸음 보	밟을 리

必	安	詳
반드시 필	편안할 안	자세할 상

(하며)

居	處
살 거	곳 처

必	正	靜
반드시 필	바를 정	고요할 정

(하며)

作	事
지을 작	일 사

必	謀	始
반드시 필	꾀 모	비로소 시

(하며)

出	言
날 출	말씀 언

必	顧	行
반드시 필	돌아볼 고	행할 행

(하며)

步 履 必 安 詳 하며　居 處 必 正 靜 하며

걸음걸이는 반드시 편안하고 찬찬하게 하며, 거처는 반드시
바르고 조용하게 하며,

作 事 必 謀 始 하며　出 言 必 顧 行 하며

일하는 것은 반드시 계획을 세워 하며, 말을 입 밖에 낼 적에는
반드시 실천을 고려해야 하며,

常^상德^덕 必^필固^고持^지(하며) 然^연諾^락 必^필重^중應^응(하며)

見^견善^선如^여己^기出^출(하며) 見^견惡^악如^여己^기病^병(하라)

항상 변치 않는 덕을 반드시 굳게 지니며,

허락할 때는 반드시 신중히 응하며,

좋은 일을 보면 내 일처럼 여기며,

나쁜 일을 보면 내 병처럼 여겨라.

持 가질 지
一 十 扌 扩 扩 拌 拌 持 持

然 그럴 연
ノ ク タ タ 夕 外 外 妖 然 然 然 然

諾 허락할 락(낙)
丶 亠 亠 言 言 言 言 訃 訃 許 諾 諾 諾 諾

應 응할 응
丶 亠 广 广 广 庐 庐 庐 庐 庐 雁 雁 雁 應 應 應

惡 악할 악, 미워할 오
一 T 丌 丏 丏 亞 亞 亞 惡 惡 惡 惡

病 병 병
丶 亠 广 广 广 疒 疒 疒 病 病 病

常	德	必	固	持	(하며)
항상 상	덕 덕	반드시 필	굳을 고	가질 지	

然	諾	必	重	應	(하며)
그럴 연	허락할 락	반드시 필	무거울 중	응할 응	

見	善	如	己	出	(하며)
볼 견	착할 선	같을 여	자기 기	날 출	

見	惡	如	己	病	(하라)
볼 견	악할 악	같을 여	자기 기	병 병	

常	德	必	固	持	하며	然	諾	必	重	應	하며

항상 변치 않는 덕을 반드시 굳게 지니며, 허락할 때는 반드시
신중히 응하며,

見	善	如	己	出	하며	見	惡	如	己	病	하라

좋은 일을 보면 내 일처럼 여기며, 나쁜 일을 보면 마치
내 병처럼 여겨라.

子_자孝_효雙_쌍親_친樂_락(이요) 家_가和_화萬_만事_사成_성(이니라)

婚_혼娶_취而_이論_론財_재(는) 夷_이虜_로之_지道_도也_야(니라)

자식이 효도하면 어버이가 즐겁고,

집안이 화목하면 모든 일이 잘된다.

혼인하는 데 재물을 논하는 건

오랑캐의 일이다.

雙 두 쌍
ノ ィ ィ ィ ィ ィ ィ 隹 隹 隹 隹 隹 雙 雙 雙

婚 혼인할 혼
ㄴ 女 女 女 女 女 妖 妖 婚 婚 婚

娶 장가들 취
一 ㄒ ㄒ �尸 ㄖ ㄖ 耳 取 取 娶 娶

論 논할 론(논)
丶 亠 亠 言 言 言 言 訟 訟 諭 諭 論 論 論 論

財 재물 재
丨 冂 冂 冃 目 貝 貝 財 財 財

夷 오랑캐 이
一 ㄱ ㄹ 亐 夷 夷

虜 사로잡을 로(노)
丨 丨 广 广 虍 虍 虏 虏 虏 唐 虜 虜

子 孝 雙 親 樂 (이요)

자식 자　효도 효　두 쌍　어버이 친　즐길 락

家 和 萬 事 成 (이니라)

집 가　화할 화　모든 만　일 사　이룰 성

婚 娶 而 論 財 (는)

혼인할 혼　장가들 취　말 이을 이　논할 론　재물 재

夷 虜 之 道 也 (니라)

오랑캐 이　사로잡을 로　~의 지　도 도　어조사 야

子 孝 雙 親 樂 이요　家 和 萬 事 成 이니라

자식이 효도하면 어버이가 즐겁고, 집안이 화목하면 모든 일이
잘된다.

婚 娶 而 論 財 는　夷 虜 之 道 也 니라

혼인하는 데 재물을 논하는 건 오랑캐의 일이다.

若要人重我(이면) 無過我重人(이니라)

약要인重아我 무無과過아我중重인人

父不言子之德(하고) 子不談父之過(니라)

부父불不언言자子지之덕德 자子불不담談부父지之과過

만약 다른 사람이 나를 정중히 대해 주기를 바라면,

내가 남을 정중히 대해야 한다.

부모는 자식의 덕을 말하지 않고,

자식은 부모의 허물을 말하지 않아야 한다.

若	같을 약 一 十 卄 艹 艾 艾 若 若 若
要	요긴할 요, 구할 요 一 一 一 戸 西 西 更 要 要
重	무거울 중, 중요할 중 一 一 千 亓 百 盲 盲 重 重
德	덕 덕 丿 彳 彳 彳 衧 衪 徝 徝 德 德 德 德 德
談	말씀 담 丶 一 言 言 言 言 言 訃 訃 談 談 談 談 談
過	잘못 과, 지날 과 丨 冂 冂 丹 丹 咼 咼 咼 渦 渦 渦 過

若	要	人	重	我 |이면
같을 약	구할 요	남 인	중요할 중	나 아

無	過	我	重	人 |이니라
없을 무	지나칠 과	나 아	중요할 중	남 인

父	不	言	子	之	德 |하고
아버지 부	아닐 불	말씀 언	자식 자	~의 지	덕 덕

子	不	談	父	之	過 |니라
자식 자	아닐 부	말씀 담	아버지 부	~의 지	잘못 과

若要人重我 이면 無過我重人 이니라
만약 다른 사람이 나를 정중히 대해 주기를 바라면, 내가 남을 정중히 대해야 한다.

父不言子之德 하고
부모는 자식의 덕을 말하지 않고,

子不談父之過 니라
자식은 부모의 허물을 말하지 않아야 한다.

利人之言(은) 煖如綿絮(하고) 傷人之語(는) 利如荊棘(하여)
一言利人(에) 重値千金(이요) 一語傷人(에) 痛如刀割(이니라)

사람을 이롭게 하는 말은
솜처럼 따뜻하고
사람을 다치게 하는 말은
가시처럼 날카로워,
사람을 이롭게 하는 한마디 말은
천금과 같이 중하고
사람을 다치게 하는 한마디 말은
칼로 베는 것과 같이 아프다.

利 이로울, 날카로울 리(이)
一二千禾禾利利

煖 따뜻할 난
丶丶丬火灯灯灯炉炉炉煖煖

綿 솜 면
丶丝纟纟糸糸糸約約綿綿綿綿

傷 다칠 상
丿亻亻伫伫伫伤伤傷傷傷傷

荊 가시 형
一十十艹艹芒芋荊荊荊

半 반 반
丶丷半半半

重 무거울 중, 중요할 중
丿二千千台台台重重

金 쇠 금, 돈 금, 성씨 김
丿人人人合合全金金

語 말씀 어
丶亠言言言言評評語語語語

利	人	之	言	(은)	煖	如	綿	絮	(하고)
이로울 이	사람 인	~의 지	말씀 언		따뜻할 난	같을 여	솜 면	솜 서	

傷	人	之	語	(는)	利	如	荊	棘	(하여)
다칠 상	사람 인	~의 지	말씀 어		날카로울 이	같을 여	가시 형	가시 극	

一	言	利	人	(에)	重	値	千	金	(이요)
한 일	말씀 언	이로울 리	사람 인		중요할 중	값 치	일천 천	돈 금	

一	語	傷	人	(에)	痛	如	刀	割	(이니라)
한 일	말씀 어	다칠 상	사람 인		아플 통	같을 여	칼 도	벨 할	

利人之言은 煖如綿絮하고
사람을 이롭게 하는 말은 솜처럼 따뜻하고

傷人之語는 利如荊棘하여
사람을 다치게 하는 말은 가시처럼 날카로워,

一言利人에 重値千金이요
사람을 이롭게 하는 한마디 말은 천금과 같이 중하고

一語傷人에 痛如刀割이니라
사람을 다치게 하는 한마디 말은 칼로 베는 것과 같이 아프다.

逢人且說三分話(하고) 未可全抛一片心(이라)

봉인차설삼분화 미가전포일편심

不怕虎生三個口(요) 只恐人情兩樣心(이니라)

불파호생삼개구 지공인정량양심

사람을 만나면 열 마디 중 세 마디만 말하고,

한 조각 마음까지 모두 던져서는 안 될 것이다.

호랑이 입이 세 개가 생기더라도

두려워하지 않고,

다만 사람이 두 가지 모양의 마음을

품는 것이 두렵구나.

說	말씀 설, 달랠 세 〉〉讠讠讠言言言言記說說說說
分	나눌 분 ノ八今分
話	말씀 화 〉〉讠讠讠言言言計計話話
片	조각 편 ノ〕广片
個	낱 개 ノイイ们们個個個個個
情	뜻 정 〉〉忄忄忄忭忭情情情情
兩	두 량(양) 一冂币币币雨雨兩
樣	모양 양 一十才木木栏栏栏样样样样样样

118

逢	人	且	說	三	分	話	(하고)
만날 봉	사람 인	또 차	말씀 설	석 삼	나눌 분	말씀 화	

未	可	全	抛	一	片	心	(하라)
아닐 미	할수있을 가	온전할 전	던질 포	한 일	조각 편	마음 심	

不	怕	虎	生	三	個	口	(요)
아닐 불	두려워할 파	범 호	날 생	석 삼	낱 개	입 구	

只	恐	人	情	兩	樣	心	(이니라)
다만 지	두려울 공	사람 인	뜻 정	두 량	모양 양	마음 심	

| 逢 | 人 | 且 | 說 | 三 | 分 | 話 | 하고 | | | | | |

사람을 만나면 열 마디 중 세 마디만 말하고,

| 未 | 可 | 全 | 抛 | 一 | 片 | 心 | 하라 | | | | | |

한 조각 마음까지 모두 던져서는 안 될 것이다.

| 不 | 怕 | 虎 | 生 | 三 | 個 | 口 | 요 | | | | | |

호랑이 입이 세 개가 생기더라도 두려워하지 않고,

| 只 | 恐 | 人 | 情 | 兩 | 樣 | 心 | 이니라 | | | | | |

다만 사람이 두 가지 모양의 마음을 품는 것이 두렵구나.

與好人同行(이면) 如霧中行(하여)
여호인동행 여무중행

雖不濕衣(라도) 時時有潤(하고)
수불습의 시시유윤

이어서 ☞

배우기를 좋아하는 사람과 함께 가면

마치 안개 속을 가는 것과 같아서

비록 옷은 젖지 않더라도

점점 물기가 배어들어 촉촉함이 있고

與 더불어 여, 줄 여
丶丿丆丆爪爪爪爪爪爪爪爪爪與與與

霧 안개 무
一一一一雨雨雨雨雨雨雫雫雫雫雺雺雾雾霧霧

濕 젖을 습
丶丶氵氵氵沪沪沪沪湿湿湿湿湿濕濕濕濕濕

衣 옷 의
丶一ナ亣衣衣

潤 윤택할 윤
丶丶氵氵氵沪沪沪沪潤潤潤潤潤潤潤潤潤

與	好	人	同	行	(이면)
더불어 여	좋을 호	사람 인	같을 동	다닐 행	

如	霧	中	行	(하여)
같을 여	안개 무	가운데 중	다닐 행	

雖	不	濕	衣	(라도)
비록 수	아닐 불	젖을 습	옷 의	

時	時	有	潤	(하고)
때 시	때 시	있을 유	윤택할 윤	

與 好 人 同 行 이면 如 霧 中 行 하여

배우기를 좋아하는 사람과 함께 가면 마치 안개 속을 가는 것과 같아서

雖 不 濕 衣 라도 時 時 有 潤 하고

비록 옷은 젖지 않더라도 점점 물기가 배어들어 촉촉함이 있고

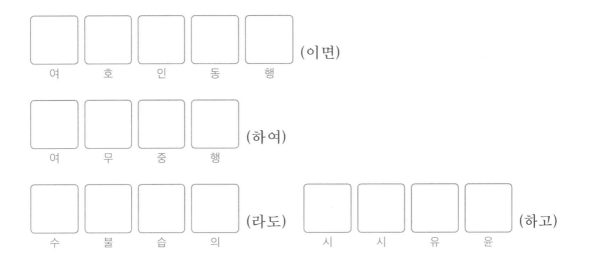

					(이면)
여	호	인	동	행	

				(하여)
여	무	중	행	

				(라도)					(하고)
수	불	습	의		시	시	유	윤	

與無識人同行(이면) 如厠中坐(하여)
여 무 식 인 동 행　　　　여 측 중 좌

雖不汚衣(라도) 時時聞臭(니라)
수 불 오 의　　　　시 시 문 취

무식한 사람과 함께 가면

마치 뒷간에 앉은 것과 같아서

비록 옷은 더러워지지 않더라도

점점 고약한 냄새를 맡는다.

厠 뒷간 측
一 厂 厂 厂 厉 厉 厉 厠 厠 厠 厠

坐 앉을 좌
丿 ㅅ 丷 丳 丛 坐 坐

汚 더러울 오
丶 丶 氵 汙 汗 汚

衣 옷 의
丶 一 宀 ㅜ 才 衣 衣

臭 냄새 취
丿 丨 冂 白 白 自 自 皇 臭 臭

122

與無識人同行 (이면)
더불어 여 · 없을 무 · 알 식 · 사람 인 · 함께 동 · 다닐 행

如厠中坐 (하여)
같을 여 · 뒷간 측 · 가운데 중 · 앉을 좌

雖不汚衣 (라도)
비록 수 · 아닐 불 · 더러울 오 · 옷 의

時時聞臭 (나라)
때 시 · 때 시 · 들을 문 · 냄새 취

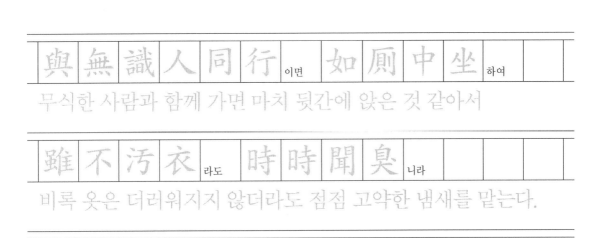

與無識人同行 이면 如厠中坐 하여

무식한 사람과 함께 가면 마치 뒷간에 앉은 것 같아서

雖不汚衣 라도 時時聞臭 나라

비록 옷은 더러워지지 않더라도 점점 고약한 냄새를 맡는다.

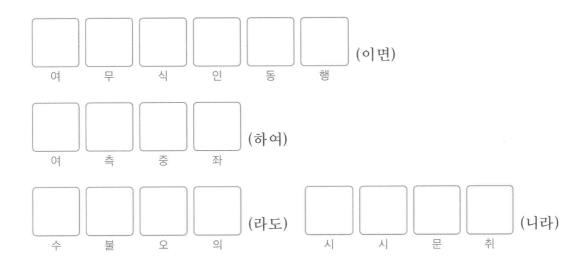

(이면)
여 · 무 · 식 · 인 · 동 · 행

(하여)
여 · 측 · 중 · 좌

(라도)
수 · 불 · 오 · 의

(나라)
시 · 시 · 문 · 취

123

相識(이) 滿天下(하되) 知心能幾人(가)
酒食兄弟(는) 千個有(로되) 急難之朋(은) 一個無(니라)

서로 아는 사람이 세상에 가득해도,
마음을 아는 사람은 몇이나 되겠는가.
술 마시고 밥 먹을 때 형이니 아우니 하는 이가
천 명이나 있건만,
급하고 어려울 때는 친구가 하나도 없다.

識	알 식
	丶 一 二 言 言 言 言 言 言 訃 訃 訃 諍 諍 識 識 識
滿	찰 만
	丶 丶 氵 汀 汁 汫 汫 汫 湍 滿 滿 滿 滿 滿
知	알 지
	丿 仁 乍 乍 矢 知 知 知
能	능할 능, ~할 수 있을 능
	厶 厷 育 育 育 育 能 能 能
酒	술 주
	丶 丶 氵 汀 汀 沔 沔 酒 酒 酒
食	밥 식, 먹을 식
	丿 人 今 今 今 食 食 食 食
急	급할 급
	丿 仁 名 名 刍 急 急 急 急
難	어려울 난
	一 十 卅 廿 甘 苫 苩 苩 堇 堇 戟 戟 艱 戟 難 難 難 難

相	識	(이)
서로 **상**	알 **식**	

滿	天	下	(하되)
찰 **만**	하늘 **천**	아래 **하**	

知	心	能	幾	人	(나라)
알 **지**	마음 **심**	할수있을 **능**	몇 **기**	사람 **인**	

酒	食	兄	弟	(는)
술 **주**	밥 **식**	형 **형**	아우 **제**	

千	個	有	(로되)
일천 **천**	낱 **개**	있을 **유**	

急	難	之	朋	(은)
급할 **급**	어려울 **난**	~의 **지**	벗 **붕**	

一	個	無	(니라)
한 **일**	낱 **개**	없을 **무**	

相識이 滿天下히되

서로 아는 사람이 세상에 가득해도,

知心能幾人나라

마음을 아는 사람은 몇이나 되겠는가.

酒食兄弟는 千個有로되

술 마시고 밥 먹을 때 형이니 아우니 하는 이가 천 명이나
있건만,

急難之朋은 一個無니라

급하고 어려울 때는 친구가 하나도 없다.

열매를 맺지 않는 꽃은 심을 필요가 없고,

의리가 없는 친구는 사귀지 말라.

길이 멀어야 말의 힘을 알 수 있고,

시간이 오래되어야 사람의 마음을 알 수 있다.

不結子花(는) 休要種(이요) 無義之朋(은) 不可交(니라)

路遙知馬力(이요) 日久見人心(이니라)

結	맺을 결	ㄴ ㄴ ㄠ ㄠ ㄠ 糸 糸 糸 紅 紅 紅 結 結 結
花	꽃 화	一 ㅗ ㅗ ㅛ 艿 艿 花 花
休	쉴 휴	ノ イ 仁 什 付 休
種	씨 종	ノ 一 ニ 千 牙 禾 禾 禾 禾 秆 秆 稆 稆 種 種
交	사귈 교	、 ㅗ ㅗ 六 六 交
路	길 로(노)	、 ㅁ ㅁ ㅁ 모 모 무 무 밝 밝 밝 밝 밝 路 路
馬	말 마	丨 厂 厂 厂 馬 馬 馬 馬 馬
久	오랠 구	ノ ク 久

不結子花 (는)
아닐 불　맺을 결　아들 자　꽃 화

休要種 (이요)
쉴 휴　구할 요　씨 종

無義之朋 (은)
없을 무　옳을 의　~의 지　벗 붕

不可交 (니라)
아닐 불　옳을 가　사귈 교

路遙知馬力 (이요)
길 노　멀 요　알 지　말 마　힘 력

日久見人心 (이니라)
날 일　오랠 구　볼 견　사람 인　마음 심

不結子花는　休要種이요
열매를 맺지 않는 꽃은 심을 필요가 없고,

無義之朋은　不可交니라
의리가 없는 친구는 사귀지 말라.

路遙知馬力이요
길이 멀어야 말의 힘을 알 수 있고,

日久見人心이니라
시간이 오래되어야 사람의 마음을 알 수 있다.

幼兒尿糞穢(는) 君心無厭忌(로되)
老親涕唾零(은) 反有憎嫌意(이니라)

유아뇨분예 군심무염기
노친체타령 반유증혐의

이어서 ⟶

어린아이의 오줌과 똥이 더러운 건
그대 마음에 싫어함과 거리낌이 없는데,
늙은 어버이의 눈물과 침이 떨어지는 건
도리어 미워하고 싫어하는 뜻이 있네.

尿 오줌 뇨(요)
ˋ ˊ 尸 尸 戽 尿 尿

糞 똥 분
ˋ ˊ ˇ ﾉ 半 米 米 类 娄 娄 娄 娄 娄 娄 糞

穢 더러울 예
ˋ ˊ 二 千 禾 禾 利 秆 秒 秽 秽 秽 秽 稼 穢 穢 穢

厭 싫어할 염
一 厂 厂 厂 厈 戽 戽 厴 厴 厴 厴 厭 厭 厭

涕 눈물 체
ˋ ˋ ˊ ﾙ ﾙ 沱 沱 涕 涕 涕

唾 침 타
丨 丬 口 口 吖 吒 听 吁 呼 唾 唾

零 떨어질 령(영)
一 ˊ 厂 雨 雨 雫 雫 零 零 零 零 零 零

憎 미울 증
ˋ ﾙ 十 忄 忄 忄 忄 忄 怡 怡 惯 憎 憎 憎 憎

嫌 싫어할 혐
乚 乚 女 女 女 妒 妒 妹 婊 婊 嫌 嫌 嫌

幼	兒	尿	糞	穢	(는)
어릴 유	아이 아	오줌 뇨	똥 분	더러울 예	

君	心	無	厭	忌	(로되)
그대 군	마음 심	없을 무	싫어할 염	꺼릴 기	

老	親	涕	唾	零	(은)
늙을 노	어버이 친	눈물 체	침 타	떨어질 령	

反	有	憎	嫌	意	(이니라)
돌이킬 반	있을 유	미울 증	싫어할 혐	뜻 의	

幼兒尿糞穢는 君心無厭忌로되

어린아이의 오줌과 똥이 더러운 건 그대 마음에 싫어함과 꺼리낌이 없는데,

老親涕唾零은 反有憎嫌意이니라

늙은 어버이의 눈물과 침이 떨어지는 건 도리어 미워하고 싫어하는 뜻이 있네.

六尺軀來何處(요) 父精母血成汝體(니라)
勸君敬待老來人(하라) 壯時爲爾筋骨敝(니라)

육척구래하처 부정모혈성여체
군경대로래인 권경대로래인 장시위이근골폐

6척 되는 몸은 어디서 왔는가?
아버지의 정기와 어머니의 피로
몸이 이루어졌다네.
그대여, 늙어 가는 부모를
공경하여 대접하라.
젊었을 때 너를 위해
힘줄과 뼈가 해졌다.

軀 몸 구
丿 亻 竹 竹 竹 竹 身 身 身 身 軀 軀 軀 軀 軀 軀 軀 軀 軀

精 정할 정
丶 丶 丶 二 半 米 米 米 米 精 精 精 精 精

血 피 혈
丿 丶 冖 白 血 血

汝 너 여
丶 丶 冫 氵 汝 汝 汝

體 몸 체
丨 冂 冂 甲 甼 昌 骨 骨 骨 骨 骨 骨 骨 骨 體 體 體 體 體 體 體 體 體 體 體

勸 권할 권
一 十 卝 吉 吉 吉 吉 昔 昔 昔 莽 莽 莽 莽 勸 勸

待 기다릴 대
丿 彳 彳 彳 彳 往 往 待 待

爾 너 이
丶 一 冖 冖 帀 帀 爾 爾 爾 爾 爾 爾

筋 힘줄 근
丿 丶 竹 竹 竹 筋 筋 筋 筋 筋 筋 筋

六	尺	軀	來	何	處	(요)
여섯 육	자 척	몸 구	올 래	어찌 하	곳 처	

父	精	母	血	成	汝	體	(나라)
아버지 부	정할 정	어머니 모	피 혈	이룰 성	너 여	몸 체	

勸	君	敬	待	老	來	人	(하라)
권할 권	그대 군	공경할 경	기다릴 대	늙을 로	올 래	사람 인	

壯	時	爲	爾	筋	骨	敝	(나라)
장할 장	때 시	할 위	너 이	힘줄 근	뼈 골	해질 폐	

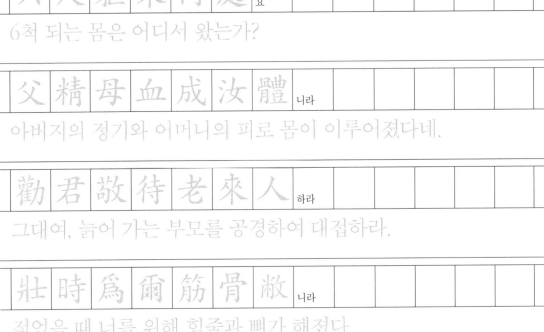

六尺軀來何處 요

6척 되는 몸은 어디서 왔는가?

父精母血成汝體 나라

아버지의 정기와 어머니의 피로 몸이 이루어졌다네.

勸君敬待老來人 하라

그대여, 늙어 가는 부모를 공경하여 대접하라.

壯時爲爾筋骨敝 나라

젊었을 때 너를 위해 힘줄과 뼈가 해졌다.

勿謂今日不學而有來日 (하며)
勿謂今年不學而有來年 (하라)

오늘 배우지 않고 내일이 있다고 말하지 말며,
올해 배우지 않고 내년이 있다고 말하지 마라.

이어서

謂 이를 위
今 이제 금
學 배울 학
來 올 래(내)
年 해 년(연)

勿	謂	今	日	不	學	而	有	來	日
말 물	이를 위	이제 금	날 일	아닐 불	배울 학	말 이을 이	있을 유	올 래	날 일

(하며)

勿	謂	今	年	不	學	而	有	來	年
말 물	이를 위	이제 금	해 년	아닐 불	배울 학	말 이을 이	있을 유	올 래	해 년

(하라)

勿	謂	今	日	不	學	而	有	來	日	하며		

오늘 배우지 않고 내일이 있다고 말하지 말며,

勿	謂	今	年	不	學	而	有	來	年	하라		

올해 배우지 않고 내년이 있다고 말하지 마라.

물	위	금	일	불	학	이	유	래	일

(하며)

물	위	금	년	불	학	이	유	래	년

(하라)

133

日月逝矣(일월서의)(라) 歲不我延(세불아연)(이요)

嗚呼老矣(오호로의)(라) 是誰之愆(시수지건)(가)

날과 달이 지나가고
세월은 나를 위해 늘지 않는다.

아! 늙었구나!
이는 누구의 허물인가!

逝	갈 서	一 十 扌 扌 扩 扩 折 折 折 逝 逝 逝
歲	해 세	丨 ㅏ ㅛ 此 产 产 庐 声 卢 歲 歲 歲
延	늘일 연	丿 丿 下 正 迁 延 延
嗚	슬플 오	丨 冂 口 口 叮 叮 咱 咱 嗚 嗚 嗚 嗚
呼	부를 호, 탄식 소리 호	丨 冂 口 口 叮 叮 叮 呼
是	옳을 시, 이 시	丨 冂 日 旦 早 早 早 昰 是
誰	누구 수	丶 亠 亠 言 言 言 訐 訐 訐 誰 誰 誰 誰
愆	허물 건	丿 夕 彳 矛 矛 矛 衍 衍 衍 愆 愆 愆

134

日	月	逝	矣	(라)
날 일	달 월	갈 서	어조사 의	

歲	不	我	延	(이요)
해 세	아닐 불	나 아	늘일 연	

嗚	呼	老	矣	(라)
슬플 오	탄식 소리 호	늙을 로	어조사 의	

是	誰	之	愆	(가)
이 시	누구 수	~의 지	허물 건	

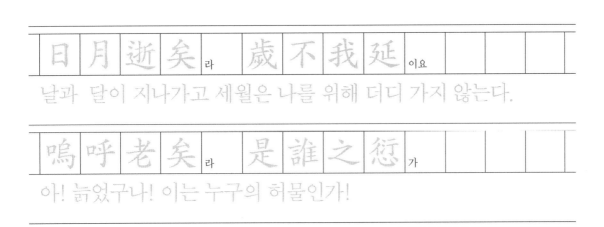

日 月 逝 矣 라 歲 不 我 延 이요

날과 달이 지나가고 세월은 나를 위해 더디 가지 않는다.

嗚 呼 老 矣 라 是 誰 之 愆 가

아! 늙었구나! 이는 누구의 허물인가!

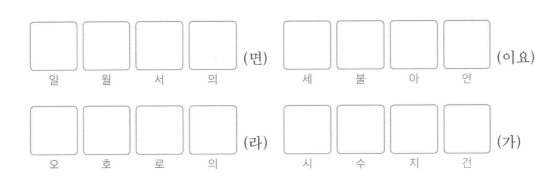

				(면)
일	월	서	의	

				(이요)
세	불	아	연	

				(라)
오	호	로	의	

				(가)
시	수	지	건	

취미생활의 시작!
도서출판 큰그림과 함께하세요.

하루 한 그림
오늘은
오일파스텔

🦆 조용한 오리 _ 김지은 지음

15,000원 | 216쪽

다짜고짜
펜들기

드로잉 공작소

김정희 지음

12,000원 | 232쪽

Dream Love, Coloring Studio
사랑을 꿈꾸는
컬러링 공작소

김정희 지음

12,000원 | 120쪽

한자를 알면
어휘가 보인다.

한자를 알면 어휘가 보인다
사자성어 200

큰그림 편집부 | 7,000원 | 148쪽

- 수능 대비 어휘력 향상
- 한문 교과서에 나오는 사자성어 수록
- 한자 '멋글씨' 연습
- 사자성어의 상황별 분류

한자를 알면 어휘가 보인다
기초한자 700

큰그림 편집부 | 7,000원 | 136쪽

무한도전 한자퍼즐1

큰그림 편집부 | 8,000원 | 126쪽

도서출판 큰그림에서는 역량 있는 저자분들의 원고 투고를 기다리고 있습니다.
big_picture_41@naver.com